비전 고민이 뭐니?

크리스천 고민 해소 프로젝트 3

비전 고민이 뭐니?

비전 상담 Q&A

Copyright ⓒ 도서출판 목양 2018

초판 1쇄 발행 2018년 10월 27일
초판 2쇄 발행 2018년 11월 25일

지은이 김영한, 나도움, 이상갑, 지현호 공저
펴낸이 정성준
펴낸곳 도서출판 목양

등록 2008년 3월 27일 제 2008호-04호
주소 경기도 용인시 처인구 양지면 양지리 38-2
전화 070-7561-5247 팩스 0505-009-9585
홈페이지 www.mokyangbook.com
이메일 mokyang-book@hanmail.net

ISBN 979-11-86018-70-5 (03230)

* 본 저작물은 신 저작권법에 의하여 한국 내에서 보호받는 저작물이므로
  무단전재와 복제를 엄격히 금합니다.

* 책 값은 뒤표지에 있습니다.
* 잘못된 책은 교환하여 드립니다.

크리스천 고민 해소 프로젝트 3

비전 고민이 뭐니?

비전 상담 Q&A

김영한, 나도움, 이상갑, 지현호 공저

목양

| 차례 |

서문 • 6

1 비전과 비전병 • 13

2 꿈에 걸림돌과 비전에 디딤돌 • 31

3 기도와 비전 • 43

4 한 사람과 비전 • 51

5 저항과 비전 • 61

6 안타까움 속 부르심과 비전 • 65

7 버티기와 비전 • 71

8 재능을 통한 꿈 성취와 사명을 통한 비전 성취 • 85

9 구분해야 할 소명, 사명, 그리고 비전 • 97

10 순종과 비전 • 125

11 선교와 비전 • 141

12 연약함과 비전 • 153

13 인내와 비전 • 159

14 욕망과 비전 • 173

15 고난과 비전 • 183

16 시험과 비전 • 199

17 피 흘리기와 비전 • 207

18 단계적 비전 • 221

19 3분과 비전 • 237

20 내려놓기와 비전 • 245

21 시간과 비전 • 269

서문

헬렌 켈러는 보지 못하고, 듣지 못하고, 말하지 못했습니다. 그러나 그녀는 자신보다 더 불행한 사람이 있다고 하였습니다.

"맹인으로 태어난 것보다 더 불행한 것은

시력은 있으나 비전이 없는 것이다!"

21세기의 삶을 살아가는 우리는 어느 시대보다 풍요로운 삶을 살고 있습니다. 그러나 비전이 없이 인생을 살아간다면 어느 시대 그 누구보다 더 불행한 인생을 살게 될 것입니다.

이 비전에 대한 질문은 단순히 젊은 사람만이 해야 할 것은 아닙니다. 모두가 삶의 부르심에 대해 고민하며, 평생에 걸쳐서 비전을 찾고 이루어야 합니다.

공자는 위정편(爲政篇)에서 자신의 일생을 뒤돌아보며 이런 말을 하였습니다.

"나는 나이 열다섯에 학문에 뜻을 두었고(吾十有五而志于學),

서른에 뜻이 확고하게 섰으며(三十而立),

마흔에는 미혹되지 않았고(四十而不惑),

쉰에는 하늘의 명을 깨달아 알게 되었으며(五十而知天命),

예순에는 남의 말을 듣기만 하면 곧 그 이치를 깨달아 이해하게 되었고(六十而耳順),

일흔이 되어서는 무엇이든 하고 싶은 대로 하여도 법도에 어긋나지 않았다(七十而從心所欲 不踰矩)"

공자는 15세에 학문에 뜻을 두었습니다. 그는 30세에 뜻이 확고하게 섰고, 40세에는 미혹되지 않고, 50세에 하늘의 뜻을 깨달아 알며 살았습니다. 60세에는 다른 사람의 말이 아니라 이치를 깨달았고, 70세에서는 무슨 일을 하든지 법도에 어긋나지 않았습니다.

비전의 사람도 이러해야 합니다. 조금이라도 젊을 때 뜻을 두고 인생의 방향을 잡아야 합니다. 그리고 뜻을 확고하게 하고, 다른 어떤 것에 미혹되지 않아야 합니다. 비전의 사람은 자신이 가야 할 길을 알고, 해야 할 미션을 알기에 어떤 중독과 세속적 쾌락에 미혹되지 않습니다. 무엇보다 비전의 사람은 주님의 뜻을 깨달아 사람의 뜻과 방법이 아닌 오직 주님의 말씀과 하나님의 법도로 비전을 이뤄야 합니다.

어떤 사람은 비전무용론을 주장하며, 비전이 자신의 야망과 꿈을 비전으로 둔갑시켜 주님의 이름으로 야망을 이루는 것이라고 합니다.

그러나 성경에 보면 주님은 아브라함에게 자기 고향과 아비 집을 떠나 약속의 땅으로 가도록 하셨고, 그의 후손을 하늘의 별과 바다의 모래처럼 많게 하시리라고 하셨습니다. 그리고 인생에서 그런 비전을 이루며 축복의 사람으로 살도록 하셨습니다. 요셉에게는 꿈을 통해 비전을 보여 주셨고, 마침내 민족을 구원하도록 하셨습니다. 하나님은 수많은 사람에게 스스로는 꿈꿀 수 없는 비전을 주고, 한 사람의 인생에 걸쳐 이루도록 하셨습니다. 모세, 다니엘, 에스더, 등등 수많은 사람들에게 시대적 비전을 주셨습니다.

성경 인물뿐만 아니라 역사적 인물들에게도 다른 사람들이 꿈꿀 수 없는 비전을 주셨고, 평생 그것을 이루도록 하셨습니다.

윌리엄 윌버포스는 1780년 하원 의원에 당선되었고, 1785년 후반에 영적인 회심을 통하여 성경적 바른 가치가 아닌 영국 사회의 악습인 노예무역에 관심을 갖게 되었습니다. 그는 평생 노예해방 운동에 헌신하게 되었습니다.

그 당시 노예무역은 영국 식민지 산업의 기둥이었고, 노예무역의 지지자들은 막강한 상인, 재벌, 식민지 기득권 세력, 대부분 왕족과 귀족들로 구성되었습니다.

윌버포스는 150번이나 되는 대(對)의회 논쟁을 통해서 영국이 하나님의 법을 따르도록 하였습니다. 온갖 중상모략, 비방, 심지어 암살 위협에 시달리기도 했습니다. 그러나 윌버포스는 자신의 비전을 포기하지 않았고, 마침내 1833년 7월 27일 하나님 앞에서 비전을 받은 지 56년 만에 노예 제도를 폐지하는 법안을 통과시켰습니다.

우리 각자에게도 주님이 주신 비전이 있습니다. 그 비전을 평생 이루어 드리는 여러분이 되기를 소망합니다.

이 책은 나도움(챕터 1~8), 지현호(챕터 9~11), 이상갑(챕터 12~16), 김영한(챕터 17~21)목사가 젊은이들에게 비전에 대해 설교, 강의, 상담한 내용을 담았습니다. 특별히 다음세대 교역자들, 리더들, 간사들이 읽고 비전에 대해 먼저 고민하고, 각자에게 주어진 자리에서 최선을 다해 섬기며 더욱 풍성히 하나님의 나라를 확장하기를 소원합니다.

2018년 9월 19일
김영한, 나도움, 이상갑, 지현호

크리스천 고민 해소 프로젝트 3

비전 고민이 뭐니?

비전 상담 Q&A

???

1
비전과 비전병

"**땀에는 소금기가 있다.** 그래서 땀은 썩지 않는다. 그래서 땀 흘리는 사람은 썩지 않는다." 이 문구를 쓰신 분을 아는가? 〈내 머리 사용법〉, 〈카피책〉의 저자, 카피라이터 정철이라는 분이다.

그는 여수 촌놈으로 태어나 서울로 상경해서 외로움을 겪었다. 외로움과 적응하기 어려운 여러 상황 속에서 우연히 백일장 대회에서 처음으로 상을 받게 되었는데, 이로 인해 생각지도 않게 글맛을 알게 되어 그는 국문학과를 선망하게 되었다.

그러나 부모님의 강권에 못 이겨 경제학과를 가게 되었다. 솔직히 수·포·자(수학 포기자)였던 그는 4년의 대학생활 내내 다른 과목들을 수강했다.

적성에도 맞지 않는 학과를 졸업하고 나가는 길에 우연히 발견한 포스터 한 장이 그의 인생의 좌표를 바꾸었다.

"카.피.라.이.터 구함"

'카피라이터? 라이터를 보니, 쓰는 사람? 이런 직업도 있었어?'
이렇게 우연처럼 시작하게 된 것이 정철의 카피라이터로서의 출발이었다.

비전은 사실 10대, 20대 시기에는 풀리지 않는 세계 7대 불가사의 같다. 답을 찾아 헤매지만 찾지 못하는 숙제 같은 것이 비전이다. "너 비전은 뭐니?" 질문을 듣고, 또 질문을 하곤 하지만 잘 모른다. "나의 비전은 뭘까?" 질문하지만 잘 모르겠는 게 사실이다.

어떤 사람이 카피라이터 정철에게 질문을 던졌다.

"제 친구 중에 꿈이 없다는 친구가 있는데 그 친구에게 어떤 말을 해줘야 할까요?"

그는 이렇게 답했다. "요즘 꿈이 없다 하면 뭔가 문제가 있다고 생각하는 게 문제다.

꿈 과잉은 많은데, 꿈이 지금 없다고 해서 이상하다고 보는 게 문제다."

"꿈은 있을 수도 있고, 당장 없을 수도 있다. 요즘에 초등학생들도 저에게 메일이 오는데, 대단하죠? '안녕하세요. 정철 선생님. 제 꿈은 카피라이터인데요. 카피라이터가 뭔가요?'

아니 카피라이터가 뭔지도 모르면서, 카피라이터가 꿈이라니…. 오히려 다들 꿈 타령하니깐, 왠지 좋아 보이는 거 하나 골라서 내 꿈 인 것처럼 하는 게 문제다."

사실 우리도 별반 다르지 않다. 비전을 택하고 정할 때 단순히 좋아 보이는 것, 혹은 좋아하는 거 하나 골라서 말하곤 한다. "이것이 나의 비전이에요!" 물론 그럴 수도 있지만 중요한 것은 그 이후부터이다.

"꿈이라는 건 35세에 생길 수도 있고 40세가 넘어서 생길 수도 있어요."

오히려 비전이 없다는 그 친구에게 "괜찮다! 그럴 수 있어! 지금 비전이 없어도 이상한 게 아니다!"하면서 토닥토닥 해주는 것이 중요하다.

삼일교회 송태근 목사는 요즘 '청년들이 비전병(Vision Sick)에 걸렸다'고 했다. 당장 비전이 없으면 잘못된 것인가? 그렇지 않다. 위에서 말했듯이 비전이 35세에 올 수도 있고, 40세 넘어서 생길 수 있다. 나를 향한 하나님의 비전도 지금 당장 알 수 있는 것은 아니다.

'비전병'이란 다른 사람들의 비전과 비교하면서 왠지 비전을 갖지 못하면 위축되고 자존감도 낮아지는 것 등을 일컬어 하는 말이다. 실제로 비전이 없으면 마치 내 자신이 문제 있는 신앙인이 아닌가, 나의 믿음이 잘못된 것인가 자책하는 청년들을 보면 안타깝다. 왜냐하면 전혀 잘못되지 않았기 때문이다!

〈새로운 미래〉라는 책으로 유명한 미래학자 다니엘 핑크가 2009년 우리나라를 방문했을 때 일이다. 어느 기자가 한국의 젊은이들에게 해주고픈 조언을 부탁하자 이렇게 말했다.

"계획을 세우지 마라!"

'아니, 미래학자가 미래에 대한 계획을 세우지 말라니?' 기자가 고개를 갸우뚱거리자, 이렇게 설명했다.

"20살에 이걸 하고 다음에는 저걸 하고, 하는 식의 계획은 내가 볼 때 난센스다. 완벽한 쓰레기다. 그대로 될 리가 없기 때문이다. 세상은 복잡하고 너무 빨리 변해서 절대 예상되지 않는다. 대신 뭔가 새로운 것을 배우고 뭔가 새로운 것을 시도해보라. 그래서 멋진 실수를 해보라. 실수는 자산이다. 대신 어리석은 실수를 반복하지 말고, 멋진 실수를 통해 배워라."

김난도 교수는 〈아프니까 청춘이다〉 책에서 "오히려 한 달에 한 가지라도 '전혀 돈이 되지 않을 일'을 찾아 시도해보라!"고 권면했다. 왜일까? 그것은 오히려 그런 일을 하다가 자신의 재능, 삶의 의미, 비전을 발견 할 수 있기 때문이다.

꿈이 없으면 없는 대로 사세요!

지금 꿈이 없다고 고민하며 남들과 비교하며 방황하는 청춘들에게 윤종신은 말한다.

"꿈이 없어도 3, 40대까지 살 수 있다고 생각해요. 꿈이 없으면 없는 대로 사세요! 꿈이라는 게 되게 늦게 생길 수도 있는 건데, 꿈을 다른 사람하고 비교하는 것만큼 초라한 일이 없는 것 같아요."

우리는 10대, 20대 때 꿈이 없으면 뭔가 잘못된 거 같고, 문제가 있는 거 같고, 마치 2류 인생, 3류 인생을 사는 것처럼 착각할 때가 있다. 꿈이 있으면 좋겠지만 당장 꿈이 주어지는 것이 정답은 아니다.

윤종신의 말처럼, 꿈이 없어도 3,40대까지 살수 있다고 생각한다.

"꿈이 없으면 없는 대로 사세요."

이 말은 인생을 포기한 듯이 세상을 막 살라는 뜻이 아니다. 윤종신은 다른 사람과 비교하지 말라면서 다음과 같이 말을 했다.

"꿈이 없는 게 이상한 게 아니에요. 잘못 된 것이 아니에요. 다만 오늘을 충실히 살아가세요! 때가 되면 꿈이 나에게 찾아와요!"

꿈이 없지만, 당장은 모르지만, 오늘을 충실히 살아가는 것, 그것이 중요하다. 그랬을 때 꿈이 나에게 찾아온다는 것을 잊지 말아라!

이것을 우리의 신앙의 용어로 생각한다면 무엇일까?

"꿈이 없어요. 당장 어떻게 살아갈지 모르겠어요. 갈 바를 알지 못해요. 그럼에도 오늘 하나님과 함께 살아갈 때 우리 인생을 주관하고 이끌어 가시는 하나님께서, 우리를 포기하지 않으시고, 그분의 목적을 이루시며, 그분께서 때가 됐을 때, 우리에게 깨닫게 하실 거예요."

"아, 이것이 나를 향한 하나님의 비전이었구나!"

"이것이 나를 통해서 이 땅 가운데 하나님이 하실 계획이었구나!"

돌이켜볼 때 보게 하실 수도 있다. 그리고 깨닫게 하실 것이다. 하나님은 하나님의 비전을 이루신다.

예수 믿는 사람을 핍박했던 바울이 다메섹 도상에서 예수님을 만났을 때 그 즉시 로마의 복음화라는 비전을 받은 게 아니었다. 그는 30살 때 예수님을 만났고, 불붙은 복음에 대한 열정으로 예수님을 전했지만 사람들이 그를 죽이려고 하자, 도망쳐 3년 동안 아라비아 광야에 있었다.

그 이후 예루살렘으로 가서 예수님의 제자들을 만나려고 하였지만 그들은 바울을 만나주지 않았다. 그의 전적 때문에 쉽게 믿을 수가 없었기 때문이다. 그러나 바울을 믿었던 바나바가 중간 역할을 감당하며 사도들과의 만남을 주도하여 만남을 가졌다. 하지만 큰 결실 없이 고향 다소로 돌아갈 수밖에 없었다.

이후 다시 바나바가 안디옥으로 데리고 가기까지 얼마 동안이나 다소에 있었는지 아는가? 10년이다. 말이 10년이지 엄청난 시간을 고향에 은거해 지냈다. 바리새인 중의 바리새인, 가말리엘 문하, 로마 시민권을 갖고 있는 엄청난 인물이 예수님을 만나고 난 후, 인생이 제대로 꼬인 것이다. 찾아오는 사람 없이 10년의 시간이 지난 어느 날 바울은 바나바의 초청으로 안디옥으로 가서 그와 공동 목회를 하게 된다. 그리고 우리가 익히 알고 있는 1차 전도여행, 2차 전도여행으로 이어지게 된다.

그럼 도대체 바울은 언제 로마에 대한, 서방 땅에 대한 비전을 받은 것인가? 원래 바울은 서방 쪽이 아니라 아시아 쪽에 관심을 가지고 복음을 전하려고 했다. 그런데 하나님이 마게도냐 환상을 보여주셨고, 그때 비로소 깨닫게 되었다.

"아, 하나님이 나를 서방 땅으로 보내시려고 하는구나!" 그것을 깨닫게 되었을 때 바울은 무려 50살이 넘은 때였다. 사도 바울도 자신을 향한 명확한 하나님의 비전을 깨닫게 되었던 나이가 결코 이른 나이가 아니었다. 우리의 모습과 같지 않은가! 지금 당장 모른다고 이상하거나 잘못된 것이 아니다.

내가 좋아하는 말 중에 이런 말이 있다.

"늦게 핀 꽃은 있어도 피지 못한 꽃은 없다"

하나님은 반드시 하나님의 뜻을 이루신다. 늦거나 돌아갈 수 있어도 그것이 끝을 의미하는 것은 아니다. 하나님의 비전은 그분의 때에 그분의 방법으로 꽃피우신다.

많은 초등학생들의 꿈이자 청년들의 꿈

"너의 꿈이 뭐니?", "공무원이요" 많은 청년들과 심지어 초등학생의 꿈이라고 한다. 꿈이 공무원이기 때문에 문제가 된다는 것이 아니라 '왜' 그런가가 중요하다.

많은 청춘들이 이것을 이루기 위해 밤잠을 설치고 하루에 2-3시간만 자면서 애쓰고 노력한다. 그들이 들이는 노력, 애씀은 가히 경이롭다. 하지만 무엇을 위한 노력인지는 곰곰이 생각해 보게 한다.

"안정적이어서요.", "미래가 보장이 되잖아요."

안정을 추구한다는 것, 미래가 보장되는 것은 나쁜 게 아니다. 그게 인간의 본능, 본성이다.

"난 고생할거야. 난 힘든 인생을 살거야!" 라고 말하는 사람은 없다. 다만, 우리가 안정적인 삶, 보장되는 인생을 위해 그렇게 공무원이든, 어떤 직업이든 되기 위해 혈안인데, 과연 안정적인 인생이 가능한가?

한시적으로는 가능할지 모른다. 그러나 과연 평생 그렇게 될 수 있을까? 안정, 미래보장은 우리의 꿈이지만 파라다이스와 같은 허상, 신기루 같은 것일 수 있다. 즉, 결코 완전하게 이루어질 수 없다는 말이다.

수많은 청춘들이 전공이 무엇이건 간에 모두 공무원시험 준비를 하는 현실은 분명 문제가 있다. 단순히 누구의 탓이라고 말하기는 어렵지만 문제인 것은 확실하다.

서울대를 나왔지만 백수인 분이 있고, 삼성에 취업 후 10년동안 일하던 사람이 본인의 의사와는 상관없이 기업합병 인수로 인해 하루아침에 한화 소속으로 바뀐 분도 있다. 이미 한 회사에서 평생직장이란 개념은 사라진지 오래다. 40살이면 명예퇴직해야 하고 이직해야 하는 게 현실이다.

그나마 현재 공무원이 철밥통이라고 하지만 미래도 그럴까? 미래학자나 미래를 전망하는 이들의 이야기만 들어봐도 15-20년 후에는 공무원도 그럴 수 없다고 말한다.

몇 년 전, 공주교대에서 강의를 마치고 돌아오는 길에 택시를 탔는데, 택시아저씨가 이렇게 말씀하셨다.

"세상 많이 달라졌어! 내가 원래 농부였는데 그땐 공무원, 교사 안 하려고 했거든. 왜냐면 농사만 지어도 공무원 교사보다 3-4배를 더 벌고 있는데, 미쳤다고 그거 하겠어?"

직업을 택할 때 안정성과 보장성은 매우 중요한 이유가 된다. 하지만 지금은 당장 안정적이라고 해도 15-20년 뒤에도 안정적일 것이라는 보장이 없다. 가장 안정적이라는 공무원이라는 직업도 더 이상 안전지대가 아니다.

어쩌면 한창 애를 키우고, 가족을 부양해야하는 40대 중반 50대에 내 의도와 의사와 상관없이 명예퇴직해야 하는 때가 올 수 있다. 그때 가서 뭔가 찾으려고 하면 늦는다. 지금 현재 청년들에게 필요한 것은 '더 많은 노력'이 아니다.

단군 이래 최대 스펙이라고 말하고 있다.

"더 많은 노력이 필요한 게 아니라 모험, 도전이 필요하다."

안정을 위한 노력이 아니라 눈에 보이지 않는 미래를 위한 모험, 도전이 필요하다. 젊은 날 스티브잡스에게 실패가 두렵지 않았냐는 질문에 "우리는 그때, 젊었고 그래서 우리는 잃을 게 없었다. 실패했어도 그것이 실패가 아니다. 오히려 좋은 경험을 했고, 그것을 바탕으로 다시 도전 할 수 있는 거 아니겠는가?"라고 답했다.

젊었을 때의 도전, 모험은 아직 잃을 것이 적기 때문에 더 잘 할 수 있다. 하지만 부양할 가족이 생기고 책임져야 하는 가족, 일 등이 늘어나게 되면 도전과 모험을 선택하기란 점점 어려운 일이 된다.

〈모험으로 사는 인생〉

〈당신은 도전자입니까〉란 제목의 책도 있듯이

우리에겐 모험, 도전이 필요하다.

'예쁜 발을 가진 발레리나는 존재하지 않는다!'

우리에게 이 땅에서 평생 안정적인 인생은 존재하지 않는다.

우리가 꿈을 포기하는 이유

이영표 선수가 'KBS 어서옵Show'라는 TV프로 중에서 했던 말이다.

"우리가 사실 꿈을 포기하는 데는 그 꿈이 너무 광대하기 때문이 아니라, 오늘 내가 할 수 있는 일을 하지 않기 때문이에요. 많은 사람들이 큰 일을 꿈꾸면서 그 큰 일을 이루기 위해 시작되는 작은 일을 하지 않아요. 왜냐하면 작은 일은 그저 작은 일이니까요. 지금 내가 할 수 없는 일은 어차피 할 수 없으니까 신경 쓰지 말고 꿈을 이루기 위해서 지금 내가 할 수 있는 일! 지금 당장! 그 일을 하면 돼요. 그 일에 충실하면 나중에 시간이 지났을 때 비로소 할 수 없는 일도 할 수 있게 돼요."

김병년 목사는 〈아빠, 우린 왜 이렇게 행복하지?〉란 책에서 이렇게 말했다.

"고통은 나를 꿈에서 깨어나게 했고, '지금 여기'의 삶, 현재의 삶에 집중하게 했다.

고통스러운 현재가 나를 그분께로 인도했고, 삶을 사랑하는 이들은 원래 다 아픈 거라고 가르쳐주었다."

10년째 병상에 누워 있는 아내와 아이들을 돌보며 목회를 감당하시는 목사님의 삶의 고백이다. 때때로 고통은 우리를 꿈에서 깨어나게 하여 현실에 집중하게 한다. 더 이상 꿈을 꿀 수 없지만 바로 그때 주님께로 나아가고 주님의 비전이 우리의 비전이 된다.

축구선수 이영표 선수는 승국이와 이런 대화를 나누었다.

"승국아."

"네?"

"넌 꿈이 뭐야?"

"저요? 꿈을 갖는 게 꿈인데요."

"그런 경우에는 하나님을 알아가는 게 더 중요하지 않을까 싶어."

"하나님을 아는 게 꿈이랑 무슨 상관이 있어요?"

"하나님을 바로 알면 어디서 와서 어디로 가고, 지금 무엇을 해야 하는지 알 수 있거든."

비전이 무엇인지 당장 모르더라도 감사한 이유가 있다. 비전을 모르기에 주님과 비전에 대해 더 나누고 주님께 더 집중할 수 있기 때문이다.

김형국 목사는 〈만나지 않으면 변하지 않는다〉라는 책에서 이렇게 말했다.

> 예수님은 베드로에게 "너 혼자 그 비전을 찾아봐라"하지 않았다. "나를 따라오라"고 하셨다. 그리고 "내가 그대의 리더가 되겠다" 말씀하셨다. 예수님은 비전을 보여줄 뿐만 아니라 그 비전을 성취해 가도록 더불어 걸어가시는 분이시다. 일상에 지쳐 지금 하는 일의 의미를 찾지 못하고 있다면 기도하라! 주님께서 당신 내면에 들려주는 이야기를 들을 수 있기를 바란다. "왜 내게 이 일을 시킵니까?" 라고 기도로 물어보면 예수님은 분명 당신을 가르칠 것이다.

어느 해 추석, 시골 고향 집에 한 4-5살 되어 보이는 꼬마 아이가 들어왔다. 꼬마는 신발장에서 한 신발을 신으려고 애쓰고 있었다. 얼핏 봐도 자기 머리만한 큰 구두를 신고자 한 것인데, 아마 그 아이가 보기에는 무척 예뻐 보였던 모양이다. 아이는 자기 발보다 2배는 큰 구두에 자기 발을 넣고 낑낑대면서 온 힘을 다해 걸어가기 시작했다.

"애야, 너 이거 신으면 안 돼, 너무 커서 걷기도 힘들걸?"

걱정되어 말을 해줘도 아이는 자기의 온 힘을 다해 한 발 한 발 내딛고 있었다. 힘겨움을 뒤로 한 채, 어떻게든 신어보겠다고 애쓰는 아이를 보면서 문득 우리의 모습과 닮았다는 생각이 들었다. 살다보면 우리는 무언가 원하고, 갖고 싶어 한다. 소망하고 무언가를 바라는 것 자체는 문제가 아니다.

"누가 부자라는데, 나도 부자 되고 싶다."
"이 사람은 45평 아파트에 산다는데, 나도 저런 아파트에 살고 싶다."
"저 사람은 저런 유명한 사람이 되었다는데, 나도 그렇게 되고 싶다."

누구나 꿈꿀 수 있고, 바랄 수 있다.
다만 그 자리에 오르기까지 얼마나 많은 시간과 노력이 필요했는지 미처 깊이 숙고해보지 못하고 그저 바라고 소망하는 것은 아닌지 되돌아보아야 한다.
4-5살 아이는 4-5살짜리 신발을 신어야 한다. 그러다 어느 때가 되면 10살짜리 신발을 신을 날이 오고 20살이 되면 어른의 신발을 신을 날도 올 것이다. 비록 지금 그 아이에게 말한다고 해서 이해할 수 있진 않겠지만 말이다.

영화 〈고산자, 대동여지도〉 중에 이런 대화가 나온다.

왜 아저씨는 지도를 그리려 했소?

가슴이 뛰어서.

길 위에는 귀천도 없고 신분도 없다.

길 위를 걸을 때 나는 가슴이 뛰었다.

그래서 나는 지도를 그리고 싶었다.

비록 이 꿈이 꿈으로 끝날지라도

나는 꿈꾸는 자이고 싶었다.

한국 최고 여성 보컬리스트 중 한 명인 이은미가 히든싱어에 나와서 재즈 보컬리스트가 꿈인 한 분께 진심 어린 조언을 해주었다.

"제가 지금 이 자리에 있을 수 있는 이유는 무언가가 되겠다고 생각하지 않았기 때문이에요. 제가 할 수 있는 최선을 다하려고 했어요. 그것이 가장 중요한 거 같아요. 재즈 보컬리스트가 되고 싶다고 하셨는데요, 재즈만 고집한다면, 오히려 재즈 보컬리스트가 되지 못하실 수 있어요. 무언가가 되겠다고 생각하지 마시고 매 순간 순간 최선을 다하시면 분명히 여러분의 음악은 분명 크게 자라 있을 겁니다."

성경도 무언가가 되길 꿈꾸라고 말하지 않는다.

"꿈꿔라, 도전하라!" 말하지 않는다.

성경의 그 어떤 인물도 '꿈꿔서, 무언가 되려고 해서' 우리가 아는 그런 존재가 되지 않았다. 도무지 바랄 수 없는 현실과 앞이 보이지 않는 미래 속에서 갈 바를 알지 못하고 살았다. 요셉이 그렇고, 아브라함이 그렇고 모세도 그랬다.

중요한 것은 오늘을 충실히 살아가는 것이다. 이 말은 단순히 열심히 살자는 것만은 아니다. 내가 무언가 되려고 하고 또 내가 무언가 된 줄 아는 허상에서 깨어나야 한다는 말이다.

소크라테스가 살았던 당시 신탁에서 "이 세상에서 가장 지혜로운 자가 바로 소크라테스이다."라는 말을 듣게 됐는데, 이 말을 듣고 소크라테스가 했던 말이다.

"내가 아는 건, 내가 지혜롭지 않다는 것을 안다는 것이다."

'너 자신을 알라'는 말은 단순히 자기 개발, 자기 수양 하라는 말은 아니다, '내가 지혜롭지 않다는 것, 난 모른다는 것, I am nothing 이라는 것을 아는 것'을 의미한다. 내가 아무것도 아닌 존재라는 것을 깨달았을 때, 내가 무언가 하기를 원하지만 그걸 이룰 수 없는 존재라는 것을 알 때 그때 소망이 있다.

예수님의 비전은 무엇이었는가? 故 옥한흠 목사는 이렇게 말했다.

"예수님이 보여주신 비전은 예수님이 항상 마음을 두고 가까이 하셨던 보통 사람 이하의 사람들을 찾아가는 비전을 가지는 것이다. 그것이 이

시대에 작은 예수의 모습을 보여 주는 교회가 될 수 있는 것임을 확신한다."

2
꿈에 걸림돌과 비전에 디딤돌

"한성욱캘리"라고 불리는 캘리그라퍼가 있다. 현재 글씨로 하나님을 전하는 분이다(본명이 한성욱이고, 페이스북과 인스타그램에 "한성욱캘리"라고 치면 나온다).

이 분의 인생 이야기를 들으면 이런 인생이 다 있나 싶다. 그 분의 이야기를 엿보면 이렇다. 그림에 재능이 있던 그의 꿈은 화가였다. 하루는 친 할머니께서 그를 불러 "성욱아, 내 사진을 줄 테니 한번 그려 와 볼래?"라며 증명사진을 주셨다. 할머니께서 그의 그림 실력을 테스트하기 위해서 증명사진을 주신 것이다. 그는 A4사이즈 종이에 열심히 그려서 전해드렸다.

그림을 본 할머님은 맘에 드셨는지 "성욱아, 내가 너 미대 보내줄 게!"라고 하셨다. 할머님은 고모도 예술적인 재능이 있었지만 안 보냈었던 분이시다.

그런 분이 손자의 재능을 보시고 미대에 보내주시겠다고 약속을 하신 것이다. 그런데 그 말씀을 하신지 한 달 후에 돌아가셨다.

인생이란 이런 것 같다. 약속하지만 지킬 수 없고, 그러고 싶었지만 그럴 수 없을 때가 생긴다. 변수가 많은 것이 인생이다. 할머님이 돌아가시자 집안이 많이 어려워졌다. 어려운 환경이 계속되자 어머니께서는 집을 나가셨다. 청년이 된 한성욱은 어머니를 찾았지만 찾을 수가 없었다. 그러다가 재작년에 어머니가 돌아가셨다는 연락을 받았다.

어머니가 집을 나가신 후 한성욱은 쭉 아버지와 단 둘이 살았다. 그는 대학에 떨어져 재수를 하게 되었는데 21살이 되던 해 드디어 서울 쪽에 있는 대학에 붙었다. 하지만 등록금을 낼 수 없어서 갈 수 없었다.

뭘 해도 안 되는 상황에서 23살에 처음으로 가출을 했다. 1년 동안 집을 나왔는데 처음 6개월 동안은 아버지와 연락도 하지 않았다.

그런데 하루는 "너희 아버지가 오늘 아들 성욱이가 집에 온다고 했다며, 맞이할 준비를 해야겠다."고 하셨다는 전화를 받았다. 그는 그런 연락을 한 적이 없었는데 말이다. 그리고 아버지는 빵집에서 크림빵을 사셨는데 그 빵을 드시다가 크림이 목에 걸려서 돌아가셨다는 청천벽

력 같은 소식을 들었다.

아버지가 돌아가셨다는 연락을 받고, 부랴부랴 달려갔더니 정말 그렇게 돌아가셨다. 장례를 치르고 25살에 군대를 가게 되었다. 27살 때 제대를 하였지만 막상 갈 집이 없었다. 간신히 친구가 운영하는 미술학원에서 아이들에게 그림을 가르치면서 숙식을 제공받고 살았다. 그런데 생각해보니 점점 나이가 들어가고 있었다.

25살, 26살, 27살….

점점 나이는 들어가는데 집도 없고 부모님도 모두 안 계시고, 대학교는 돈이 없어 못가고. 그는 이런 생각이 들었다. "죽어버릴까? 그냥 세상을 떠날까?"

도저히 길을 찾을 수 없는 현실 속에서 극단적인 생각이 든 것이다.

당시는 페이스북이 아니라 싸이월드의 시대였는데, 하루는 친한 형의 싸이월드 다이어리에서 글을 하나 읽게 되었다.

그 글귀가 그의 마음에 꽂혔다.

"오늘 교회를 다녀왔는데… 참 마음이 평안하다"

"오늘 교회를 다녀왔는데… 마음에 안정감이 생겼다"

그는 바로 형한테 전화했다.

"형!! 그 교회가 어디에요? 나 그 교회 가고 싶어요!!" 그 문구가 그에게는 복음처럼 닿았던 것이다. 그동안 아무리 친구들이 교회를 가자고 해도 안 갔지만 한성욱은 27살, 처음으로 교회를 갔다.

청년부에 가서 예배를 드리고, 교회생활을 하게 됐다. 감사한 것은 그 교회가 참 분위기 좋은 교회였다는 것이다. 정말 마음에 평안이 임하고, 또 관계적인 면에서도 잘 챙겨주고 함께해주는 청년부였다. 그러다보니 감사한 마음이 들어서 어떻게 하면 이 감사함을 표현할 수 있을까? 생각하게 되었다.

밥 한 끼 사줄 수 없는 어려운 형편이어서 감사한 마음을 어떻게 표현해야 할까 고민하다가 본인 재능이 미술이니까 상대방의 얼굴을 캐리커처로 그리면 되겠다고 생각하게 되었다.

그렇게 그림 선물을 전했고, 그게 인연이 돼서 한 자매와 결혼하게 되었다. 지금은 슬하에 보배와 수아, 두 딸이 아름답게 자라고 있다.

그럼 도대체 언제 한성욱 작가는 캘리그라피를 하게 된 걸까?

결혼 후 "이 여자 한 명 만큼은 내가 먹여 살려야겠다."라고 생각하게 되면서 부터였다. 비전과는 전혀 상관없이 가정을 부양하며 주일에는 중고등부 선생님으로 아이들을 섬기면서 살았다. 어느 해 중고등부 수련회 때의 일이다. 늘 수련회 마지막에는 롤링페이퍼를 돌리면서 수련회 피드백을 하는데, 한 아이가 예쁘게 뭘 그려서 쓰고 있기에 물어봤다. "이건 뭐니? 예쁘다!", "아! 캘리그라피라는 건데요. 이거 선생님

잘할 거 같아요!" 그렇게 아이들이 알려줘서 캘리그라피라는 것을 알게 됐다. 독학으로 지금까지 오게 되었다. 그렇게 현재 한성욱 캘리그라피 작가가 된 것이다.

사실 캘리로 직업을 삼거나 그럴 생각은 없었다. 하다 보니 여기까지 오게 된 거라고 한다. 취미로 시작하게 됐는데, 요즘에 이런 말을 듣게 되었단다.

"한성욱 작가님, 한성욱 디자이너님"

어릴 적부터 가정의 여러 어려움과 집안의 사정, 많은 문제들로 인해 화가가 되고 싶었던 꿈은 이룰 수 없는 현실이었다. 그것으로 끝일 수 있었다. 그러나 하나님은 잊지 않으셨다. 꿈을 이룰 수 없어 잊고 살았던 한 사람을 잊지 않으셨다. 하나님은 지금까지 그를 인도해 오시면서 전혀 생각하지 못한 방법으로 그 꿈을 이루게 하셨다.

현재는 10년 이상 일했던 직장을 그만두고 캘리그라피와 디자인을 업으로 삼고 있다.

최근에 핫 했던 TV프로그램 중에 '하트시그널'을 아는가? 일반인 남녀가 나와서 한 집에서 합숙하면서 서로를 알아가며 마지막에 서로의 시그널을 확인하는 연애프로그램이다. 거기에 '시그널 하우스'에 처음 입소하는 남녀를 위한 '입소 규칙'이 있다. 그 글씨를 한성욱 작가가 썼다. 하트시그널 1, 2 두 번 다 말이다.

엄밀히 말하면, 대단한 부자가 된 것도, 그렇다고 엄청 유명한 사람이 된 것도 아니다. 그렇지만 하나님은 이분의 삶 가운데서 역사하셨다. 본인은 포기할 수밖에 없었지만, 하나님께서 하나님의 방법으로 이루셨다. 우리의 인생도 이렇게 되지 않을까?

얼마만큼의 젊은이들이 10대에 꿈을 꾸고 20대에 준비해서 30대 때 영향력을 발하는 인생을 살 수 있겠는가? 우리가 비와이, 김연아, 멜로망스, 평창올림픽 컬링대표팀 같은 사람이 될 수 있겠는가? 그들처럼 젊은 나이에 성공을 맛본 사람들과 나를 비교하는 순간 나는 더없이 비참해지고 좌절감에 빠질 수밖에 없다. 내가 그 사람들이 될 수 없고, 그 사람들이 내가 될 수 없다. 그런 유명인이 되는 것만이 정답은 아니다. 각자마다 은사가 다르고 부르심이 다르다. 나를 향한 하나님의 시기도 다 다르다.

지금, 꿈꿀 수 없고 그것을 이룰 수 있는 사람이 아닐 수 있다. 그러나 오늘을 살아가는 걸음 가운데 서서히 하나님께서 이루어 가시는 것이다. 이런 방법이 하나님께서 나 자신의 비전을 이루어 가시는 방법이다.

현재의 우리를 돌아보면, 뭐가 될지 아직 잘 모르겠고 막연할 수 있다. 꿈이라고 부르기도 뭐한 어설픈 상태일 때가 많다.

아니, 내가 왜 살아 있는지도 모르는 경우도 있다. 학교 다니라니까 학교 다니고 학원 다니라니까 학원 다니고, 직장 다니라니까 직장 다니고 밥 먹으라니까 밥 먹고 살 때가 많다.

하지만 당장 구체적인 비전, '뭔가 되어야겠다!' 생각하지 못해도 소소하게라도 '이러한 사람이 되면 좋겠다!'라는 바람은 있으면 좋겠다.

비전이라는 것은 10대에만 꾸는 게 아니다.

30대도 40대도 꿀 수 있는 것이 꿈이고, 비전이다. 나중에 30대, 40대, 50대가 되었을 때 "난 늦었어. 지금 꿈꿔서 뭐가 되겠어?" 라는 생각은 아예 하지도 마라.

세상은 "꿈꾸라! 도전하라!" 말한다. 물론 틀린 말은 아니다. 꿈이 없다면, 내가 무엇이 되고 싶은지, 어떤 삶을 살아가고 싶은지, 아직 어떤 바람이나 소망이 없다면 가질 필요가 있다.

그러나 무조건 꿈꾼다고 되는 것도 아니다. 오히려 성경 속 요셉은 그 꿈을 잊고 살았다. 종으로 팔려갔는데, 어찌 꿈같은 사치스러운 것에 마음 두고 살 수 있었겠는가? 만약 그 꿈에 매달렸다면, 13년 동안 종살이, 감옥살이 속에서 요셉은 미쳐서 죽었을지도 모른다. 요셉은 하루하루를 종으로, 감옥의 죄수로 자신의 현재에 충실히 살아갔다.

우리의 인생 가운데, 길게 살았던, 짧게 살았든 간에 고통, 고난, 어려움이 있다. 그중에서 이해가 되지 않는 것은 "왜 나에게 이런 시련이, 이런 고통의 시간들이 허락되는 거지?"라는 순간들이다.

가수 장기하를 아는가? 장기하는 밴드 활동을 하면서 프로 드러머가 되어야겠다고 생각했다고 한다. 대충이 아니라 정말 열심히 연습했다.

그런데 연습 중에 갑자기 왼손이 통제되지 않고 굽어지는 증상이 나타났다. 처음에는 드럼 칠 때만 그랬는데, 점점 심해지더니 기타를 칠 때도, 컴퓨터 키보드를 두드릴 때도 같은 증상이 나타났다.

일상생활도 어렵게 만든 그 병의 이름은 희귀병인 "국소 이긴장증"이었다. 생소하고 낯선 이 병은 근본적인 원인과 치료법이 알려지지 않은 희귀병이었다.

얼마나 기가 막혔겠는가? '프로 드러머가 되겠다고 열심히 노력하고, 또 기타도 열심히 쳤는데… 왜 나에게 이런 희귀병이 발생한 거지?' 원망했다.

왜 하는 일마다 잘 안 될까? 도무지 이해되지 않고, 의문투성이의 상황을 겪게 된 것이다. 아직 맞춰지지 않은 퍼즐처럼 이해되지 않는 일들이 우리의 삶 가운데서도 일어난다.

그때 이런 의문들 속에서도 포기하지 아니하고, 끝까지 인내하며 살아갈 때 어느 순간! 왜 나에게 이런 일들이 일어났는지 깨닫게 되는 순간이 오게 된다.

"이제는 말할 수 있다"처럼 드디어 흩어진 퍼즐 조각을 완성한 것처럼 장기하는 이 병으로 인해 지금의 장기하가 되었다고 고백했다.

"이 병이 나쁜 결과를 초래한 적은 없어요. 연주가 안 되니 싱어송라이터가 됐고, 악기에서 자유로워지니 무대에서 퍼포먼스를 할 수 있어서 오히려 공연 내용이 더 좋아지게 되었어요."

지금 내가 왜 살아야 하는지, 나에게 왜 이런 일들이 발생되는지 모르는 순간을 살고 있을 수 있다.

그때도 "나는 존재할 이유가 있다. 나는 가치 있는 존재이다."라고 다지며, 이해가 되지 않아도, 믿어지지 않아도 한번 기대했으면 좋겠다.

최근에 일반 베스트셀러였던 〈라틴어 수업〉이라는 책에 보면 이런 내용이 나온다. 그 말이 조금이나마 우리 마음 가운데 나를 돌아보게 하는 글귀였으면 좋겠다.

1. 내 나이 또래의 사람이 무언가를 이뤘지만 나는 아직 눈에 띄게 이룬 것이 없다면, 그와 내가 걷는 걸음이 다르기 때문이지 그 이상도 그 이하도 아닙니다. 나와 그가 가는 길이 다를 뿐이죠.
2. 같은 나이라고 해서 모두 같은 일을 하지 않고 같은 방향으로 가지는 않습니다. 한 사람 한 사람 모두 저마다의 걸음걸이가 있고 저마다의 날갯짓이 있어요.
3. 나는 내 길을 가야하고 이때 중요한 것은 '어제의 자기 자신으로부터 나아가는 것'입니다. 그리고 아직은 정확히 모르는 내 걸음의 속도와

몸짓을 파악해 나가는 겁니다.

4. 우리가 오늘 인생이라는 학교에서 배워야 할 걸음걸이는 무엇일까요? 어떤 몸짓과 날갯짓을 배워야 할까요? 남과 비교하면서 나아가는 게 아니라 '어제의 자기 자신으로부터 나아가는 것' 나와 그들이 다른 건 그저 그와 내가 걷는 걸음이 다르기 따름이라는 것. 왜? 나와 그가 가는 길이 다른 것뿐이니까요. 그러니 우리 오늘 인생이라는 학교에서 내 발걸음을 돌아보면 좋을 거 같아요.

비전은 멀리 있는 게 아니다. 내 삶을 향한 하나님의 뜻은 멀리 있지 않다.

100주년 기념교회 초대목회자였던 이재철 목사는 비전에 대해서 이렇게 말했다.

"하나님의 비전은 언제나 삶의 현장에서 주어집니다. 사도바울이 책상 앞에 앉아 자신의 비전이 무엇인가 골몰한 끝에 비전을 얻은 것이 아닙니다. 매일 주어진 삶에 최선을 다하는 중, 그 삶의 현장에서 하나님의 비전을 깨달았습니다."

정말 그렇다. 아브라함도 그렇고 바울도 그렇고 수많은 성경의 인물들이 그랬다. 골방이 아니라 삶의 현장에서 비전이 주어졌다. 그래서 현장을 살아가는 게 중요하다.

하나님의 뜻, 비전은 멀리 있는 것이 아니라 오늘 내가 살아 숨 쉬는 현장에 있다.

3
기도와 비전

나는 내 자신을 소개할 때 이렇게 소개한다.

"학교에 교회를 세워가는 사람"

학교 안에 기도모임, 스쿨처치를 세워간다는 말이다. 또한 "거리, 시간 상관없이 불러주면 가는 사람"으로 어디든 간다고 설명한다(왜 이렇게 말하게 되는지는 추후 설명하도록 하겠다). 이게 나의 삶이고, 이대로 살려고 하고 있다.

그런데 여러분에게 묻고 싶다. 이게 처음부터 나의 꿈이었을까? 이렇게 사는 것이 10대 때, 20대 때 비전이었을까? 아니다! 그런 걸 바라거나 꿈꾸지 않았다. 10대 때 꿈은 그냥 평범하게 사는 게 꿈이던 사람이다.

어린 시절을 돌이켜보면, 엄청 내성적이고, 사람들 앞에 서는 거 자체도 엄청 싫어했던 사람이었다. 오죽했으면 신대원 다닐 때도 앞에서 발표하는 건 안했다. PPT를 만들거나 영상을 더 만들면 만들었지, 앞에 서는 걸 정말 두려워했던 사람이었다. 앞에 나서는 것은 적성에 맞지 않는다고 생각했던 사람이었다.

그런데 지금은 전국을 다니며 메시지를 전한다. 어쩌다 이렇게 되었을까? 꿈을 잘 꿔서 그럴까? 엄청난 비전을 품었기 때문일까?

팀 페리스의 책 〈타이탄의 도구들〉에 보면 눈에 띄는 질문이 나온다.

미래를 결정지을 수 있는 가장 중요한 트렌드는 무엇인가?

저자에게 위 질문을 받은 피터 틸은 Paypal의 창업자이자 페이스북을 비롯한 100개 이상의 기업을 발굴 투자한 사람으로 〈제로 투 원〉이라는 책의 작가이기도 하다. 위 질문은 저자가 그에게 던진 질문들 중에 하나였다.

그런데 그의 답은 뜻밖이었다. "트렌드는 중요하지 않다. 미래의 삶에 가장 중요한 역할을 하는 건 '사명감'이다."

이 부분이 확 와 닿았다. 이 말은 목사가 말한 게 아니었다. 일반 경영/경제 책, 일반 경영자가 한 말하는 말이라서 더 와 닿았다. 아니 '트렌드보다 중요한 게 사명감이라니!' 이 말이 우리의 삶을 돌아보게 만든다.

사명이 무엇인가? 나에게 맡겨진 임무이다.

그럼 누가 맡긴 것인가? 하나님이 부르시고, 맡기신 것이다. 바로 나 자신을 이 땅에 존재하게 하시는 이유이다. 나 자신을 통해서 이 땅에서 이루시기 원하시는 하나님이 주신 미션이다.

그런데 처음부터 나를 향한 사명, 비전을 알 수 있을까? 그렇진 않다. 당장 알고 싶지만, 기도 열심히 했다고 바로 알 수 있진 않다.

그럼 나는 "학교에 교회를 세워가는 사람" 그리고 "거리 시간 상관없이 불러주면 가는 사람"이라 말하는 삶을 언제부터 살게 되었을까? 어쩌다 이런 비전을 갖게 되었을까?

아주 작은 계기로 어릴 적 추억 때문에 시작하게 되었다. 내가 사는 곳은 전주이다. 전주는 한옥마을, 수제 초코파이 등 익히 알려진 맛의 고장으로도 유명하다. 또한 학교기도 모임, 스쿨처치 등 이런 것들은 학교 안에 당연한 문화로 정착한 곳으로도 유명하다.

나는 그게 참 신기하고 놀라웠다. 전주의 한 학교는 1974년에 세워져서 지금도 이어지는 스쿨처치가 있다. 45년이 넘도록 이어지는 모임인 것이다. 이런 스쿨처치가 학창시절 좋은 문화였다고 기억하는데 시간이 지나면서 없어지고 사라져 갔다. 2007-8년도 이후에는 자취를 감추게 되었다

2012년 초, 문득 갑자기 물음표가 던져졌다. "지금도 이런 모임들이 살아있나?"

'지금도 학교에서 기도하고 예배하는 아이들이 존재하고 있을까?' 궁금했고, 있다면 가서 응원해주고 싶었다. 이런 작은 소원이 생기자 기도를 시작했다.

"하나님 한 학교라도 연결시켜 주세요. 찾아가서 응원해주고 싶어요!"

1월에 기도했지만 8월이 넘어가도록 한 학교도 못 갔다. 당시는 신대원에 다니고 있어서 서울 쪽에 지내고 있었기 때문에 지하철로 갈 수 있는 가까운 근교의 학교들을 찾아갔으면 좋겠다는 기도를 드렸었다. 그런데 한 학교도 못가다보니 기도가 바뀌었다.

"하나님… 거리 시간 상관없이 불러주면 가겠습니다."

그 기도를 기뻐하셨는지 바로 9월에 첫 학교를 가게 되었다. 그 학교는 경기도 포천에 있는 남녀공학, 일반 학교로 고3들이 주축이 된 10명 정도 모이는 작은 모임이었다. 처음 방문했을 때, 외부 손님이 오신다고 지하실에 40명이나 모여서 기다리고 있었다. 그 모습을 보며 '지금도 이런 모임이 존재하는구나.'하는 감동을 받았다.

그렇게 한 달에 한 번씩 계속 만나러 가는 과정 가운데 아이들에게 물어봤다.

"이 스쿨처치가 어떻게 세워지게 된 거니?"

나중에 한 여학생이 장문의 편지를 이메일로 보내주었는데 그 내용을 지금도 잊지 못한다.

"학교에 2명의 남자 애들이 있었는데요. 한 명은 중학교 때 교통사고를 당해서, 턱 장애가 생긴 친구, 다른 한 친구는 자존감이 낮고 외모 콤플렉스가 있는 친구. 그런데 저는 점심을 먹고, 다른 2명의 친구, 총 3명이랑 산책을 하고 있었는데요. 어디선가 낯익은 노랫소리가 들리는 거예요. 그래서 따라가 봤더니 지하실에 한 공간에서 그 두 명의 남자애들이 찬양하고, 기도하고 있었던 거예요. 저는 그때 하나님의 부르심을 느꼈어요. 함께 예배해야겠다고….
그리고 저랑 같이 산책했던 두 명의 친구를 설득해서 다가가서 '같이 예배드릴까?' 그렇게 5명이 시작했던 모임이 현재 20명이 넘는 모임이 되었어요."

어쩌면 무시 받고, 주목받지 못했던 친구들이 지하실의 한 공간에서 시작했던 작은 기도모임이 현재 많은 친구들이 예배하는 모임으로 발전하였고 현재도 이어지고 있다.

메일을 보내준 친구가 잊지 못할 말을 전해 주었다.

"정말 하나님은 사람의 외모를 보지 않으시고, 그 마음의 중심을 보시고 역사하시는 거 같아요."

이게 처음 갔던 학교의 이야기다. 나는 전국에 5,000개가 넘는 중 고등학교들 가운데 스쿨처치를 세워가겠다는 꿈을 꾸지 않았다. 그런 원대한 비전을 품지 않았다. 그저 한 학교만 가게 해달라고 기도했으나 바로 응답이 안 되는 과정 가운데 기도했을 뿐이었다.

"하나님, 거리시간 상관없이 불러주면 가겠습니다."

이 기도에 하나님께서 응답하셔서 생각지도 못한 지역의 한 학교를 가게 되고, 또 그 옆의 학교를 가게 되고, 다른 지역들을 가다보니 어느덧 충남 태안, 땅 끝 마을 해남도 가게 되고, 남해도 가게 되고, 강릉, 속초, 울릉도 등등 안 가본 곳이 없을 정도가 된 것이다.

4-5년 전 지금의 미래를 내다보며, '이것이 트렌드가 될 거야, 몇 년만 지나면 박수 받는 사역이 될 거야!' 라고 생각하지 않았다. 그저 오늘을 살아갔을 뿐이다. 학교들을 찾아다니며 아이들을 만나고, 소통하고 함께하는 게 중요하다고 생각했기에 묵묵히 감당했을 따름이다. 처음부터 사명감이 있었다고 말할 순 없지만, 그 길을 걷다보니 이것이

사명이구나! 깨닫고 지금까지 계속하고 있다.

피터 틸은 이런 말을 했다. "트렌드를 탐색하는 시간을 대신해서 우리는 '사명'을 찾아야 한다." 전적으로 동의한다. 우리는 흘러가는 트렌드를 탐색하고 기회를 잡으려고 한다. 그러나 그보다 더 중요한 것은 사명을 찾아 트렌드 메이커가 되는 것이다.

4 한 사람과 비전

한 사람이 중요하다

2014년, 한 아이가 찾아왔다.

"저 혼자라도 버티지 않으면 스쿨처치가 사라질 것 같아요."

내성적이지만, 버텨보겠다고 했다. 그 다음 해, 다른 후배가 이어갔다. 그 다음 해, 스쿨처치가 이어질 수 있을지 정말 애매했다.

그때 한 아이가 연락해 왔다.

"제가 이번에 홍0고 가는데요. 거기에 스쿨처치 세우려고 해요."

"진짜? 이미 거기 있어! 들어가서 함께 할래?"

그렇게 이어졌다. 올해도 어김없이 찾아왔다. 홍O고에 말이다.

"이번 해 고3 들만 남았어요. 근데 고1 한명 들어왔어요!"

그 한 명의 아이가 이어갈지 알 수 없지만, 매해 마다 끊일 거 같은데, 없어질 뻔했는데… 때론 없어지기도 하는데… 신기하게 다시 이어가게 하시는 걸 볼 때마다 매번 깨닫는다. 많은 숫자도 아닌 한 사람을 통해 이어가게 하시는 역사를 말이다.

한 사람이 5년째 계속 가듯이 한 사람이 그 자리를 버텼더니 학교에 교회를 세워가겠다는 아이들을 만나게 되고, 새로운 중학생들, 새로운 고등학생들 새로운 다음세대들이 세워졌다.

"한 사람이 중요하다!"

바로 나 "한 사람"이 말이다.

어머니 기도회로부터 이어진 파주의 한 스쿨처치

"저희 학교가 2012년에 개교했는데요…."

그때부터 학교를 위해 기도하는 '어머니 기도회'가 있었다! 그때도 학교 안에서 학생들이 시작하면 좋겠다는 마음이 있었다. 그러나 용기를 못 내고 있었다.

"그럼 어떻게 네가 시작하게 된 거니?"

"저희 오빠도 이 학교 출신인데요. 그때도 스쿨처치 세워보면 좋겠다고 권유해주셨는데, 못하고 있었어요. 그런데 작년에 엄마가 네가 한번 시작해보는 것은 어떻겠냐고 권유를 하셨어요. 그래서 이렇게 시작하게 된 거예요."

개교 처음으로 종교 동아리가 생기는 거라서 해도 된다, 안 된다 선생님들 사이에서 의견충돌이 있었다고 한다. 그때 교장선생님께서 "아니, 아이들이 자발적으로 알아서 하겠다는데 그냥 하게 하면 되는 거 아니냐?" 해주셔서 감사하게 세워져서 이렇게 하고 있다고 한다!

"그럼 어떻게 날 알고 연락했니?"

"한 친구가 '우리는 학교에서도 크리스천입니다' 팔찌 보여주면서, 이거 하시는 '도움'이라는 분이 계신데 그분한테 한번 연락해보는 건 어때? 말해줬고, 다른 친구도 '맞아! 그 도움이라는 분, 나도 이야기 들었어! 한번 연락해보자' 해서 검색해서 인스타그램으로 연락드리게 된 거에요."

나는 애들이 나를 어찌 알고 연락했는지 기특해서 "그래! 그럼 내가 팔찌 보내줄게!" 대답하고 '우리는 학교에서도 크리스천입니다' 팔찌를 만들어서 보내줬다! 나중에는 직접 만나고 이 친구들의 고민, 이야기 듣고 함께 이야기를 나누었다.

나는 외친다. "언제든 연락주세요! 함께 할게요!"

인천의 한 중학생과의 대화

나의 이야기를 그대로 싣는다.

2016년 3월에 한 친구에게 연락이 왔다.

"지금 상황이 안 좋아요…."

"뭐가 문제인 거니?"

"점심시간에 모임 하는 게 문제가 됐나 봐요."

"어떻게 했기에?"

"그냥… 10분, 점심시간에 예배했는데… 점심시간에 하면 안 된다고… 하려면 방과 후에 하라고…."

이미 예전에 국민일보가 문화관광체육부에 질의했듯이 '점심시간에 종교 활동하는 게 불법인가?'에 공식적인 답변이 '학생들이 점심시간을 이용한 자발적인 종교 활동은 보장된다.'고 말하고 있는데, 무슨 근거로 못하게 막는 건지 안타까움을 금할 수 없었다.

"제가 약한 거 같아요… 부족한 거 같아요…" 라고 고백하는데 그저 마음이 아팠다. "그래도 포기하지 말자! 알겠지? 함께 기도할게." 이 말밖에 해줄 수 있는 게 없었다.

"저 사실 포기하고 싶어요. 그런데 포기 안하려고요. 왜냐하면, 이 모임에 오는 친구들 중 대다수가 안 믿는 친구들이거든요. 이 모임이 아니면 예수님을 모를 수밖에 없는 친구들이 여기에 오는데, 제가 포기하면 이 친구들은 예수님 못 만나는 거잖아요."

이 친구의 나머지 고백은 마음에 깊이 와 닿으면서 응원하게 되었다.

"진짜 저는 아이들이 예배드리면서 변화되면 언젠가 세상도 달라질 거예요! 이 아이들이 커서 하나님의 일을 한다면 그렇게 될 거에요."

'그 아이의 꿈을 지켜주고 싶다. 그 아이의 소망을 응원해주고 싶다.' 그렇게 세 달이 넘는 시간이 흘렀다. "포기는 안했을까? 살아 있는 걸까?" 궁금했다. 그래서 오랜만에 다시 연락했다.

"OO야 요즘 어떻게 지내고 있니? 그때 일은 어떻게 별일 없고?"

그런데 생각지 못한 소식을 들려주었다. 전혀 기대하지 않은 이야기였다.

"저희 (학교) 예배모임 담당선생님이 교회에 다니게 되셨어요!!"

학교에서 모임 하려면 담당선생님을 먼저 찾아가서 의논하라고 하셔서 찾아뵈었는데, 그분이 담당선생님을 맡아주신 이유가 사실은 좋은 의도가 아니었다. 원래는 이런 활동 못하게 하려고 수락하신 것이었는데 현재 교회를 다니신다는 놀라운 소식을 전해 듣게 되었다.

"응? 원래 안 다니셨는데?"

"원래는 (모임) 못하게 하려고 담당선생님을 하셨는데, 남편 분이랑 지금 교회 다니게 되셨어요!"

게다가 그 선생님과 같은 교무실을 쓰시는 과학 선생님도 교회를 다니게 되었다는 놀라운 소식을 들려주었다. 그 분도 이 분처럼 기독교, 교회를 싫어하셨는데 말이다.

"지금 이렇게 모임 준비 중에 있어요." 라고 소식을 전해주는데, 얼마나 놀라고 또 놀라운지 모른다. 정말 Amazing Grace이다!

어느 날 중학생 친구를 통해서 하나님의 소식을 전해 들었다. "정말 하나님 입니다!" 얼마 전에 이 친구에게서 다시 연락이 왔다.

"2학기 때 저희 학교 와주실 수 있으세요?"

"당연하지! 불러주면 얼마든지 가"

"사실요, 저희 2학기 때 학교에서 전도집회 준비 중이에요."

"응? 진짜?"

"네네!! 지금 친구들이랑 그때를 위해서 찬양 연습도 하고 열심히 준비하고 있어요. 선생님들도 응원해주시고요!"

그래서 이렇게 말했다.

"아니… 불과 몇 개월 전만 해도, 이런 상황이 아니었고 오히려 못할 상황이었는데, 어떻게 이렇게 된 거야?"

그때 이 친구가 이렇게 말했다.

"제가 하는 건가요? 하나님이 하시는 거죠. 저는 그저 따를 뿐이에요."

원래 이런 친구가 아니었는데, 어려움 속에서 지금도 여전히 살아계셔서 함께하시는 하나님을 경험하고, 만나다보니 이런 믿음의 고백을 나누었다.

너무 기특해서 팔찌를 선물로 줬다.

"I am Not ashamed"(로마서1:16). "내가 복음을 부끄러워하지 아니하노니 이 복음은 모든 믿는 자에게 구원을 주시는 하나님의 능력이 됨이라" 그 말씀의 처음 영어 구절로 팔찌를 만들었는데, 선물로 전했다.

그렇게 살아가는 친구에게 응원하는 마음으로 전했다. 스쿨처치는 단순히 학교에서 기도하고 예배하는 것으로 끝이 아닌, 우리 어린 친구들을 신앙 안에서, 믿음 안에서 진짜 믿음으로 자라가게 하는 너무 귀한 장이 되는 거 같다.

나는 이 어린 친구들을 통해서 하나님을 만난다. 지금도 여전히 살아계셔서 우리와 동행하시는 주님을 매일 만난다. 우리 친구들도 학교 현장에서 그 하나님을 경험하고, 만나기를 소망한다. 하나님은 지금도 살아계시다.

한 학교, 한 학교가 소중하다

"언제 가장 행복한 때 였나요?"

큐큐(Question+Quest)카드 질문에 이렇게 답했다.

"지금 이 순간!"

"너희들 만나는 이 시간이 행복이야."

방문했던 한 학교에서 했던 말이다.

정말 그렇다. 어느 날 오전엔 대구, 점심땐 천안의 한 학교 방문, 오후엔 서울 목동의 한 학교를 찾아갔다. 다 사연이 있는 학교들이다. 한 학교는 학교모임이 계속 지속되던 곳으로 예전에 불러줘서 간 적이 있었지만 당시 학생이던 아이들이 졸업하면서 연락이 끊겼었다. 그러다 모임을 하던 후배들이, 선배들이 남긴 족보를 보다가 거기에 쓰인 연락처를 보고 다시 연락을 줘서 몇 년 만에 만남이 다시 이어진 학교 모임이다.

다른 학교는 2015년에 세워진 스쿨처치로 그 동네는 일명 공부로 기가 센 학교로 정말 어렵게 세운 학교다.

"저 세우고 싶은데 어떻게 해야 해요?"

연락 준 아이와 함께 기도했고, 포기하지 않은 발걸음 가운데 하나님의 세밀한 간섭하심을 경험하게 한, 잊지 못할 모임이다. 그런데 이 학교도 재학생들이 졸업을 하게 되면서 그들의 연락처가 없어져서 가고 싶어도 가지 못하고 있었다. 그러다가 우연히 생일 축하 메시지를 카톡으로 보내게 되다가 우연하게 다시 연락이 되어서 올해 재방문을 하게 되어 함께 시간을 보내게 되었다.

한 학교 한 학교가 나에게 너무 소중하다. 각자의 사정이 있고, 사연이 있고, 스토리 하나하나가 다 하나님의 이야기가 아닌 것이 없다. 그렇기에 더욱 소중하다. 그 학교들, 그 아이들과의 만남이 나의 인생이고, 그 인생 속에 역사하신 하나님의 역사이기 때문에… 소중함으로 각인되어 있다.

나는 이렇게 말한다. "부모가 자녀를 포기하지 않고 사랑하는 마음이 이와 같을까? 하나님의 마음이 이 마음인 듯싶다. 한 학교, 한 학교 그 아이들, 한 영혼이 그렇게 허락되었다. 그래서 매일 전국을 간다. 그곳으로, 그 학교로 그 아이들에게 말이다!"

5 저항과 비전

반대는 없을 수 없다

나는 29살에 학교사역을 처음으로 시작하게 되었는데, 그것을 지켜보시던 부모님께서 한 말씀하셨다. 부모님과의 관계를 통해서 드러나는 하나님의 인도하심을 지켜보자.

"도움아, 언제까지 이걸 할 거니? 부목사하고, 담임목사 해야 하지 않겠니?"

"이건 그냥 한때야, 적당히 하고 그만 남들처럼 교회사역해라."

그때 부모님께 이렇게 말씀드렸다.

"부모님, 저 35살까지만 할 수 있는 거 하도록 지켜봐 주세요!"

그렇게 말은 했지만, 부모님 입장에서는 탐탁지 않았던 것 같다. 2013년 여름에 아버지께서 다시 말씀하셨다.

"도움아. 저 광주에 있는 OO 교회로 가면 안 되겠니?"

"저 안가고 싶어요. 지금 제가 가야 할 길을 찾은 거 같은데… 이해해주시면 안되나요?"

"부탁이다. 내 소원이야. 내 대신 가주면 안 되겠니?"

사실 그 교회는 아버지께서 가고 싶어 하셨던 교회였다. 다만 이젠 나이가 많으시기에 갈 수 없는 상황 속에서, "내 아들이라도 대신 가서 대형교회에서 사역하면 좋겠다. 내 대신 가주면 안 되겠니?" 하셨던 것이다.

사실 정말 가고 싶지 않았지만 그 말 속에 담겨 있는 아버지의 마음이 느껴져서 결국 가기로 마음을 먹고 말했다.

"알겠어요. 아버지, 그럼 제가 평생은 아니지만, 한시적이라도 아버지 생각해서 가도록 할게요."

2012년 학교사역을 시작했으나 아버지의 권유와 부탁에 의해서 광주에 있는 한 대형교회에 잠시 있게 되었다. 못해도 1-2년은 있을 생각이었는데, 그때 당시 그 교회의 담임목사의 아들이 나를 별로 좋아하지 않았다. 결국은 그 아들의 입김으로 교회를 그만두게 되었다.

그래도 감사했던 건, 그 담임목사님께서 "미안하다." 말해주셨던 것이다. 아버지뻘 되시는 목사님께서 그 정도로 사과하신 거면 충분하다고, 감사하게 생각하고 교회를 떠났다.

이 사건으로 인해, 아버지께서는 "그래 이제 네가 하고 싶은 거 해라." 말해주시며, 지켜봐주시게 되었다. 물론 아예 반대가 없는 것은 아니지만 말이다. '어떤 일을 하겠다. 하고 싶다.' 마음먹고 하려고 했을 때 특히 부모님의 반대에 부딪힐 수 있다. 부모입장에서 자녀를 아끼는 마음으로 "왜 꼭 그걸 하려고 하니?", "그걸 한다고, 누가 도와줘?", "그게 안정적인 길이 안 되는데 왜 가려고 하니?"

수많은 말씀들을 하실 것이다. 결국 자녀를 사랑하는 마음으로 하시는 것이지만 그것을 듣는 자식의 입장에서는 기운 빠지는 말이고, 다짐했던 마음이 힘이 들게 된다. "왜 부모님은 나를 믿어주지 않으실까?", "좀 응원해주시고 지켜봐 주시면 안되나?"하는 안타까운 마음이 들 것이다.

"제가 35살 까지만 지켜봐 주시면 안돼요?" 했고, 처음에는 탐탁지 않으셨지만 그래도 기다려 주시고 인내해주시는 과정 가운데, 처음 시작했을 때보다는 자리를 잡고, 뭔가 그 길에서 전문가가 되어가는 걸 보시다 보니 이제는 전폭적인 응원과 격려를 해주시는 상황까지 되었다. 결국 인내와 기다림이 필수적이다.

진심은 통한다. 분명 진심을 이해해주실 날이 올 것이다. 그러니 포기하지 말자.

6
안타까움 속 부르심과 비전

안타까움이 내 소명(부르심)이다

얼마 전에 한 청년이 이런 이야기를 나누어 주었다.

"저는 배드민턴 선수였는데요. 부상을 당해서 운동을 그만두고, 어찌 어찌 하다 보니 현재, 소년원을 찾아가서 아이들을 만나고, 함께하고 있어요. 저는 청소년사역에 마음이 있어서 그런지 그게 또 즐겁고 좋으면서도 고민이 되어서요. 이게 제 부르심이 맞을까요?"

"이미 잘 가고 계신 거 같은데요? 이미 본인도 알고 계신다고 생각해요!"

이분의 이야기를 듣는데, 아직 딱 이게 내 부르심이다, 길이다! 란 확신은 없지만 '이미 부르심에 맞게 살아가고 있구나!'라는 마음이 들었다.

최근 봤던 글귀 중의 하나가 떠올랐다.

"내 가슴 속에 있는 교육에 대한 안타까움이 하나님이 주신 소명(부르심)이라고 확신합니다!"   -장로회신학대학교 박상진 교수 -

처음부터 미래를 내다보고, 계획을 세워서 그 비전을 쟁취해 가는 것만이 정답이 아니다. 처음에는 '안타까움, 아쉬움', '긍휼히 여기는 마음' 같은 작은 마음으로 시작하게 되지만, 그 발걸음 가운데 돌아봤더니… "어? 이게 나를 향한 부르심인가?" 뒤늦게 발견하는 것이 '소명(부르심)'일 때가 많다.

최근에 나온 이정현 목사의 신간 〈교사 베이직〉을 보면 이런 이야기가 나온다.

"분당우리교회 이찬수 목사님 같은 경우도, 원래 미국으로 이민 가서 잘 살고 있었는데 우연히 본 한국 일간지의 내용이 마음을 움직였다고 해요. 학교 교실 안에서 학부모가 교사의 머리를 잡고 끌고 나오는 장면을 보는 순간, '내가 여기 있으면 안 되겠구나'라는 생각이 들면서 한국에 있는 아이들이 불쌍해서 견딜 수 없었고, 신문만 읽으면 눈물이 하염없이 나왔다고 해요.

저런 안타까운 환경에서 살고 있는 청소년들을 위해 내가 헌신하고 희생하자는 마음으로 한국에 들어와서 청소년사역을 하게 된 거라는 거죠. 결국 한국에 있는 청소년 영혼들에 대한 안타까운 마음, 긍휼의 마음을 하나님이 주셔서 지금의 이찬수라는 목회자를 만들어 가신 거예요. 그의 나이 29세에 소명(하나님의 부르심)에 대한 확신이 들었다는 고백을 했어요."

나도 어릴 때 추억 가운데, 스쿨처치가 사라져 가는 게 '안타까운 마음'이 들었다. '한 학교만이라도 지금도 존재한다면 찾아가서 응원하고 함께하고 싶다'는 작은 마음으로 시작했던 것이다. 그 안타까운 마음이 한 사람의 부르심이 되었다.

부르심이 꼭 원대하고, 엄청나고 대단해야 하는 것은 아니다. 일평생 동안 공들여야 하는 부르심이 있고, 어느 일정 시기 동안 나에게 허락된 부르심도 있다.

처음부터 계획된 것이 아닌데 내가 이후 하게 된 것들을 보면 정말 그렇다.

"ㅅㄱ하우스"(쉐어하우스)는 어려운 상황에 처해 있는 한 청년에게 긍휼한 마음을 주셔서 단지 그 마음에 반응했을 따름인데 지금은 8명의 청년들이 살고 있다.

"당신의 이야기를 들어드립니다"는 2016년 내가 알던 한 아이가 안타까운 죽음을 당하고 그에 대한 긍휼한 마음을 주셔서 반응하다보니 만들어졌다. 말하고 싶지만 말 못하는 사람들의 이야기를 듣는 익명 상담이다. 현재는 "크리스천 대나무숲"도 오픈하게 되었다.

부르심은 멀리 있지 않고 항상 가까이 있다. 등잔 밑이 어두운 법이다. 내 주위를 둘러보라. 주변의 결핍, 안타까움, 긍휼(Compassion(긍휼): Com(함께)+passion(고통 받다)) 함께 아파하기 원하는 그 마음을 통해서 그분의 부르심을 발현하시고, 이루어 가신다.

"내 가슴 속에 있는 그 무엇에 대한 안타까움이 하나님이 주신 소명(부르심)이라고 확신한다."

당신에게 안타까움을 주는 대상(영역)이 누구(어디)인가? 거기에 그분의 소명(부르심)이 있다.

땅 끝 해남에 사는 한 아이가 나에게 이런 질문을 던졌다.

"안 힘드세요? 하루에도 여러 지역을 다니는데 지치시거나 힘들지 않으세요?"

그때 이렇게 말했던 기억이 있다.

"원래 힘든 게 당연한데, 이상하게 힘들진 않아! 아마 그것을 억지로 하는 게 아니라 사명이라고 느껴서! 내 부르심이니까!"

그 말과 동일한 의미인데 다른 표현을 최근에 보았다. 토머스 머튼은 이렇게 말했다.

"사랑으로 행하는 의무는 결코 지루하지 않다! 거기에는 생명이 있기 때문이다."

이 문구는 나 자신에게 새롭게 와 닿았다! 왜 내가 그렇게 매일 매일 살면서도 생각보다 지치지 않고, 지루하지 않은가?

"거기에 생명이 있기 때문이다!"

강원도 철원에서 온 아이의 고백

"저 잘할지는 모르지만 한번 해보려고요!"

오늘 미자립교회 연합캠프에서 스쿨처치를 도전했더니 한 아이가 학교로 돌아가서 자기도 시작해보겠다고 하였다.

"우아… 진짜? 어디 지역이니?"

"강원도 철원이에요!"

"오!! 나 평창고도 갔었고 정선고도 갔었어. 불러줘, 갈게!"

"네, 오셔야죠! 제가 부를게요! 근데 잘 할 수 있을지 모르겠어요."

"괜찮아. 너 혼자라도 만나러 갈게!"

철원에 사는 남학생이었다. 한 명이라도 충분하다! 한 명이 숫자로는 적지만 그 한 명이 학교를 바꾸고 지역을 바꾸고 세상을 변화시킬 수 있다. 왜? 운명이 바뀐 사람은 그 누구도 막을 수 없다. 철원에서 시작해보겠다는 그 한 명, 그 한 명이면 충분하다!

7
버티기와 비전

2014년부터 현재까지 계속 가고 있는 한 학교가 있다. 작년부터 함께하게 된 태안의 또 다른 학교… 그저 함께했을 따름인데, 그 자리를 함께 지켜내었을 따름인데 계속 좋은 소식을 듣는다.

"이번 해에도 신입생들이 들어왔어요!!"

"작년보다 더욱 뜨거워진 모임이 되었어요!"

내가 한 일이라고는 그들과 지속적으로 자리를 지킨 것뿐이다. 나는 재능도 없고 이것도 저것도 못한다고 생각했던 사람이었다. 그런데 이제는 비교의식, 열등감을 벗어나서 아이들과 함께하는 사람이 되었다. 그러다보니 알게 된 사실이 있다.

"버티는 것도 능력이다!"

"자리를 지켜내는 것도 재능이다!"

이런 것은 재능도, 능력도 아니라고 생각했는데, 나중에 보니 다른 사람들이 인정해주는 강점이었다. 이런 재능만 있어도 비전을 이룰 수 있다.

별것 아닌 것 같지만, 쉽게 따라 하기 쉽지 않은 '버티고 지켜내는 큰 재능'이 여러분에게 있기를 소원한다.

하나님의 뜻?

CBS 다음세움 토크 콘서트에 나갔을 때, 질문 하나를 받았다.

"하나님의 뜻을 어떻게 분별하나요?" 너무 중요한 질문을 듣고 이렇게 답했다. "시행착오는 없을 수 없다고 생각해요. 우리는 없길 원하지만, 없을 수 없어요. 우리가 이 세상에 막 태어나서 바로 뛰나요? 걷나요? 아니죠. 아기가 갓 태어나서 일어나서 걷기까지 2,000번 이상 넘어지고 쓰러지는 시간이 있다고 해요.

정말 그렇지 않나요? 만약 아기가 100번 넘어지고 나서 '난 안 돼, 걸을 수 없나봐' 하나요? 1,000번 넘어지고 나서, '역시 이번 생은 어쩔 수 없나봐. 평생 기어야 하나봐'라고 말하나요? 아니거든요. 워낙 어릴 때여서 기억이 우리에겐 없지만 우리 모두는 2,000번 이상을 넘어지고 쓰러지는 시간을 견디고 여기까지 오게 된 거예요.

우리가 살아가면서 이게 정말 맞는지, 그분의 뜻이 맞는지, 점검하는 시간들이 인생을 통해서 필요해요. 시행착오는 없을 수 없어요. 이것을 인정하면서, 하나님께서 모든 것이 합력해서 선을 이루실 거라는 믿음 안에서 살아가는 게 중요한 거 같아요."

처음에는 일어나지도 못했던 우리가, 어느덧 하나님과 함께 동행하는 법을 배우는 것이다. 우리의 인생은 때로는 넘어지고, 쓰러지고 하는 흑역사와 같은 시간들이 있다. 그런 순간들도 하나님과 살아가다 보면 비로소 "아 이게 하나님의 뜻인가? 이게 하나님의 부르심인가?" 조금씩 느끼며 살아가는 게 믿음의 여정이다.

아브라함도 처음부터 우리가 아는 믿음의 조상이 아니었다. 자신의 목숨이 위태로워지자 아내를 누이라고 속이고, 하나님의 때를 기다리지 못해 하갈을 통해 육신의 자녀를 낳기도 하였다. 야곱도 형 에서를 속이고, 도망자의 삶을 살다가 다시 가나안 땅으로 돌아오기까지 무수한 고난과 역경의 시간을 보냈다. 중요한 것은 이 모든 시간들이 헛된 것이 아니라는 것이다. 하나님의 부르심에는 후회하심이 없다고 성경에 기록되어 있다. 이는 우리의 약함과 부족함, 연약함은 하나님의 뜻을 이루시는데 문제가 되지 않는다는 의미를 내포한다. 하나님은 그분의 뜻에 따라 때로는 느리게, 때로는 아닌 것처럼 보이지만 하나님은 결국 우리로 하여금 하나님의 마음을 깨닫게 하신다.

박영선 목사는 〈인생〉이라는 책에서 이렇게 말한다.

"하나님의 일은 우리가 잘하고 못하고에 매이지 않습니다. 하나님은 당신이 목적하신 것을 우리의 실패 속에도 담을 수 있다고 이야기하십니다."

〈하나님을 찾아서〉라는 책에 이런 말이 나온다.

"노아의 방주에는 노도 닻도 없습니다. 아무것도 없는 우리의 삶, 종착역도 모른 채 불안하지만 하나님께서 계획하십니다."

아무 것도 없는 우리의 삶, 종착역도 모른 채 불안하지만 하나님께서는 계획하신다. 이 말을 믿는가? 이는 하나님은 우리를 향한 계획을 가지고 계시고 우리를 모른 체 하시는 분이 아니라고 확인시키시는 말이다.

하나님의 뜻을 안다는 것은, 사지 선다형의 정답을 찾는 것이 아니다. 우리를 향한 하나님의 뜻은 분명하지만 그것이 반드시 정답으로 미리 정해진 길을 찾는 것이 아니라는 말이다. 배우자를 찾을 때도 마찬가지다. 내가 하나님의 뜻에 대해서 고민하며 답을 찾고 있을 때, 큰 유익을 줬던 책 한권이 있다. 책 제목부터 〈하나님의 뜻〉 제럴드 L. 싯처가 쓴 책이다. 이 책으로 말하자면 안타깝게도 음주운전자로 인해 자동차 사고를 당하게 되고, 그로 인해 사랑하는 어머니와 아내, 그리고 네 살 난 어린 딸을 잃게 된 사고를 당한 분이 쓴 책이다. 단순히 머릿속으로 사색하면서 나온 책이 아니다. 그 책에서 이렇게 말한다.

"주의 뜻이란 무엇인가? 하나님이 우리를 위해 품고 계신 구체적인 비밀계획인가? 그분은 우리가 몇 날, 몇 주, 몇 년이고 소비해가며 그 뜻을 찾아내기를 원하실까? 결코 아니다. 오히려 그 뜻은 하나님께 찬양과 감사를 드리며 성령의 능력 안에 살아가는 근실한 삶이다. 바울의 일차적 관심은 신자들이 일상생활을 살아가는 방법에 있다."

성경의 신앙 인물들에게서 보이는 고뇌는 하나님의 뜻을 찾으려는 고뇌가 아니라 그 뜻대로 살려는 고뇌이다. 신약 성경 어디를 보아도 바울이 미래에 관한 하나님의 뜻을 알고자 고민했다는 단서는 전혀 찾아볼 수 없다. 그는 자신을 현재에 내주었다. 그나마 남아있는 적은 시간을 어떻게든 이미 알고 있는 하나님의 뜻을 행하는 데 쓰고 싶었던 것이다.

하나님의 뜻은 미래보다 현재와 관련된 것이다. 그분의 뜻은 우리의 행동뿐 아니라 동기를 살핀다. 미래에 대한 중대한 결정보다 날마다 내리는 작은 결정을 중시한다.

하나님이 우리의 인생에 대해 품고 계신 뜻은 하나가 아니라 많다. 예컨대 그분은 당신과 결혼할 사람을 정해두지 않았다. 당신은 정해진 그 사람을 '찾아내야' 하는 것이 아니다. 결혼의 길을 택할 때 당신이 결혼할 수 있는 대상은 많이 있다. 하나님은 당신의 직업도 정해두지 않았다. 당신은 정해진 그 직업을 알아내야 하는 것이 아니다.

이렇듯 하나님이 미래에 대해 놀라울 정도로 융통성이 많은 것은 그분이 현재에 대해 극도로 융통성이 없기 때문이다. 누구와 결혼하든 어떤 직업을 가지든 우리의 자유다. 그러나 우리는 그 어떤 것도 하나님보다 우위에 놓을 자유는 없다. 하나님은 우리의 삶에서 반드시 첫째가 되어야 한다. 하나님 나라와 의를 먼저 구하며 삶 전체를 그분께 내어드리기만 하면 갑자기 세상은 온통 가능성의 천지로 변한다.

하나님의 뜻은 앞날에 대한 선택이 아니라 지금 이 순간에 대한 것이다. 결국 하나님의 뜻이란 한 가지 분명한 명령으로 이루어진다. 바로 하나님을 우리 삶의 절대적인 중심에 모셔야 한다는 명령이다. 내 삶의 방향을 하나님으로 맞추고 살면 어떤 선택이든 하나님의 뜻이 된다.

이것이 이 땅을 살아가면서 하나님의 뜻을 이해하는데 큰 유익을 준다. 바로 죄가 아닌 모든 선택이 하나님의 뜻이라는 것이다. 하나님이 아담과 하와에게 선악과만 먹지 말고, 동산 실과를 마음껏 먹고, 누리고 생육하고 번성하라고 말씀하셨던 것처럼, 우리가 하나님 안에서 죄가 아닌 선택을 하고 오늘을 살아갈 때, 우리에게는 족쇄가 아니라 무한대에 가까운 자유가 주어진다는 것이다. "진리가 너희를 자유케 하리라" 말씀처럼 말이다.

그렇다면, 우리가 하나님의 비전, 하나님의 뜻을 이루며 살아가기 위해서는 어떻게 해야 할까?

혹시 다이어트와 책 읽기의 공통점이 뭔지 아는가?

어렵다? 작심삼일? 다 맞다. 들은 말 중에 잊지 못할 말은

"매번 시도하지만, 한 번도 성공하지 못한 그 무엇"

어쩌면 우리가 하나님의 비전을 찾고, 하나님의 뜻대로 살기 원해서 다짐하고 또 시도하지만, 성공하지 못하고 무너질 때가 많다. 왜 그럴까? 몇 달 전에 있었던 충주의 한 토크 콘서트에서 이런 질문을 받았다.

"다이어트 어떻게 해야 하나요?" 다이어트 해 본 적이 없는데 이런 질문을 받았다. 그때 한 분이 해주신 대답이 아직도 기억이 생생하다.

"다이어트는 단순히 살을 빼는 과정이 아니라 잘못된 습관을 바꿔가는 과정이다."

이 말이 와 닿았다. 다이어트는 단순히 무조건 살을 빼는 것인 줄 알았는데 그게 아니라 잘못된 습관을 바꿔가는 과정이라는 말은 뭔가 새

로운 느낌으로 각인되었다. 그분의 말을 듣고 '영적인 다이어트'를 하고 싶어졌다.

하나님의 뜻, 비전을 알고, 살아내기 위해서는 잘못된 습관을 바꿔가는 과정이 필요하다. 지금까지 그렇게 살아오지 못했는데, 어떻게 한 번에 살아갈 수 있겠는가?

최근에 본 책이 있다. 우리가 익히 알고 사용하고 있는 '배달의 민족'의 대표 김봉진 씨가 쓴 책이다. 제목이 뭐냐면 〈책 잘 읽는 방법〉이다. 거기에 보면, 원래 본인은 책을 안 좋아 했는데 어쩌다 책을 읽게 됐는지가 나온다.

첫 번째 계기는 하루는 군대에서 두꺼운 책을 읽고 있는데 선임들이 건들지 않았기 때문이었단다. 뭔가 건들면 안 되겠다는 후광이 느껴졌나 보다. 신기하게 느껴지기도 하는 경험을 한 후로는 일 하기 싫어질 때면 열심히 두꺼운 책을 읽기 시작했다고 한다.

두 번째 계기는 32살 때 첫 사업을 실패하고, '내가 왜 망했을까? 성공한 사람들은 나와 뭐가 다른 걸까?' 고민하면서 답을 찾아가기 시작했을 때였단다.

자신과는 다르게 책을 읽는 습관이 있다는 걸 깨닫게 되고 자신도 그럼 책을 읽어야겠다고 마음먹고 의도적으로 읽기 시작했다고 한다.

나도 책을 안 좋아했던 사람인데 책을 좋아하게 된 계기가 있었다.

고3 수능이 끝나고 당시 몸담았던 선교단체에서 제주도를 4박 5일 동안 간 적이 있었다. 여행인 줄 알았는데 생각해보면 수련회였던 거 같다. 바닷가 근처에 숙소를 정해놓고는 밤에만 나가고, 아침부터 저녁까지는 숙소에서 하루 종일 큐티, 기도회, 나눔만 하는 것이었다. 이럴 거면 왜 제주도에 갔는지 알 수 없었지만… 그때 말씀 묵상한 것을 서로 나누는 시간이 있었는데 그런 것을 해 본 적이 없으니 어설프게 잘 하지도 못했다. 그걸 쭉 듣고 계시던 선교단체 대표 전도사님이 나에게 말씀을 하셨다.

"도움아… 너 사역자가 된다고 하면서, 이렇게 말도 못하고, 어버버대고, 앞뒤가 안 맞는 이야기를 하면 되겠니? 책 좀 읽어라! 책 좀!"

사실 그 말씀을 하시던 전도사님께서도 책을 잘 읽지 않으시는 분이라 "당신이나 잘하세요!" 라고 말하고 싶었지만 그 말은 부끄럽기도 하고 마음속에 확 꽂혔다. 그래서 받아들이기로 했다. '아 그렇구나! 책을 읽어야겠다.' 마음먹고 의도적으로 읽기 시작했다.

사실 흑역사였다. 우선 이해가 되든 안 되든, 한 권을 다 읽는 것을 목표로 삼았다. 한 권, 두 권 읽다보니 처음에는 이해가 되지 않았던 책들이 이해가 되는 순간도 오고, 재미가 있었다. 그러다보니 다시 계속 읽게 되고 그러면서, 어느덧 습관이 되었다. 그래서 군대 가서 제대하기까지 군대에서만 책을 180권 넘게 읽고, 성경 3독을 하고 나올 정도로 좋은 습관이 생겼다.

좀 전에 했던 질문을 다시 던져본다. "혹시 다이어트와 책 읽기의 공통점이 뭔지 아세요?", "잘못된 습관을 좋은 습관으로 바꿔가는 과정"이다. 그전까지는 이렇게 살지 못했던 사람이 좀 더 나은 삶, 좀 더 좋은 습관이 되는 과정 말이다.

일반 책도 그러할진대, 성경, 하나님의 말씀은 어떻겠는가? 이런 말씀이 있다. "내가 오늘 네 행복을 위하여 네게 명하는 여호와의 명령과 규례를 지킬 것이 아니냐(신10:13)?"

'네 행복을 위해서' 하나님의 말씀을 지키고 살라고 하지만 그렇게 살기가 어렵다. 왜? 어렵기도 하고 습관이 들지 않아서이다. 성경책 읽는 것도 마찬가지다. 일반 책도 읽기 힘든데 하물며 성경은 얼마나 더 어렵겠는가?

나는 현재 성경을 30독 이상을 했는데, 그냥 읽어야지 생각해서 읽게 된 것이 아니다. 2007년 1년 동안 태국에서 지내게 되었는데 나를 그곳에 보내신 분이 계시다. 그분은 〈하나님의 연주자〉란 책도 쓰시고, 허준, 이산, 동이 OST를 부른 송솔나무라는 플루티스트이시다.

"너를 위해 준비한 좋은 곳이 있어. 한번 가볼래?" 해서 갔는데, 그런 곳인 줄 몰랐다. 아침 4시 반에 기상해서 2시간 기도시키고, 아침에 돌아가면서 식사준비를 하고, 하루에 성경 40장을 읽는 곳이었다. 혹시 아는가? 하루에 성경을 40장을 읽으면 한 달이면 1독을 한다. 신구약이 총 1,189장이다. 그런 시간들을 보내다보니 얼마나 힘들겠는가? 뿐만 아니라 오전에 성경공부 하고 점심 전에는 태국 치앙마이 근처의 대학들을 찾아가서 태국 현지 대학생들과 친구관계를 맺었다. 나중에 캠프로 초대해서 복음을 전하였다. 이런 생활이 쉽겠는가? 특히 한 달에 1독 하는 게 처음부터 가능했겠는가? 다들 못했다. 이렇게 살아온 습관이 없었으니까 말이다.

그런데 이걸 못하면, 그 다음달에 2박 3일이나 4박 5일 동안 금식을 시켰다. 그리고 그동안 다 읽으면 밥을 먹게 했다. 이렇게 빡세지만, 성경을 읽는 습관을 만들게 하다 보니 결국 다들 읽게 되었다. 그걸 보고 뭘 깨닫게 된 지 아는가?

"사람이 하고자 하면 방법을 찾고, 하지 않고자 하면 변명을 찾는다."

사람이 어떤 습관이 들기까지 40일의 시간이 필요하다고 한다. 나의 경우는 그렇게 1년의 시간들을 보내다보니 그때처럼 미친 듯이 읽진 않더라도 성경을 매일 매일 읽지 않으면 어색하고, 꼭 읽어야 한다는 가치관이 내 안에 심겨졌다.

그리고 바빠서, 힘들어서 못 읽는다는 핑계는 버리게 됐다. 우리가 하고 있는 큐티, 말씀 읽기, 기도 모임 등이 평소 일상에서 한다는 것이 어렵다. 쉽지 않은 것은 맞지만 그렇다고 불가능한 것은 아니다.

우리가 포기하지 않고 감당하다 보면 우리에게 좋은 습관이 생긴다. 좀 전에 말했던 배달의 민족 김봉진 대표는 〈책 잘 읽는 방법〉이라는 책에서 이렇게 말한다.

"책 읽으면 잘 사나요?(부자 되나요? 성공하나요?)"라는 질문을 자주 받는다고 한다.

정말 책 읽으면 잘 사나요? 그 질문에 대해서 이렇게 답을 하였다.
"운동선수가 매일 매일 훈련한다고 해서 모두 세계적인 선수가 될 수 있을까요? 아닙니다. 책 읽기도 마찬가지예요. 책을 많이 읽는다는 것만으로 성공한 삶을 보장받을 수는 없어요. 그럼 뭐 하러 힘들게 읽냐고요? 책을 읽으면 잘 살 수 있느냐는 질문에 저는 이렇게 답해 드리고 싶어요. 정해진 운명보다 조금 더 나은 삶을 살 수 있다고요."

우리가 지금 성경을 읽고, 기도한다고, 열심히 신앙생활 한다고 우리가 잘 산다고 장담할 수 없다. 인생이 잘 풀리고, 세상에서 말하는 성공을 이룰 거라고 말할 수 없다. 그러나 '정해진 운명보다 더 나은 삶을 살 수 있다.'

원래는 내가 이 정도 밖에 볼 수 없는 사람이었고, 이 정도의 생각 이상을 할 수 없는 사람이었는데… 믿음도 부족하고, 하나님을 잘 몰랐던 사람인데, 삶의 현장 속에서 믿음을 지키고, 기도하고, 삶 속에서 믿음을 고백하며 살아가다보니 분명 우리가 이전보다는 하나님을 믿을 수 있게 되고 우리의 시선과 시각이 달라지는 것은 사실이다.

우리가 보다 나은 사람으로, 보다 나은 삶을 살도록 우리를 깊이 있는 사람으로 만든다.

'나는 왜 이렇게 잘하는 게 없지? 남들처럼 특출나게 잘하는 재능이 없지?' 라는 마음으로 20대를 살았던 사람이다. 누구는 노래를 잘하고, 누구는 음악을 잘하고 목소리가 좋아서 짧은 순간에 다른 사람들의 마음을 휘어잡는데, 나는 그러지 못했고 재능이 없는 사람이라고 생각했다. 그러다가 '미생' 윤태호 작가의 이야기를 듣게 되었다. 그는 "웹툰 지망생들에게 꼭 필요한 재능이 무엇이라고 생각하느냐?" 질문에 "시나리오를 잘 써야 한다.", "그림을 잘 그리는 재능이 중요하다."라고 말하지 않았다. 전혀 예상 밖의 대답을 했다.

"버티는 것도 재능이다."

이것을 보니 '나는 다른 사람들처럼 음악이나 노래나 악기나 그런 도구적인 재능은 없지만 버티는 재능은 있다. 습관을 들여서 자리를 지키는 재능이 나에게 있구나….'라는 걸 깨닫게 됐다. 습관도 재능이다. 좋은 신앙의 습관은 우리를 보다 더 나은 삶을 살게 만든다.

8
재능을 통한 꿈 성취와 사명을 통한 비전 성취

2002년 한일 월드컵 때 박지성과 더불어 한 획을 그은 꾀돌이 이영표 선수를 아는가? 그분이 청소년, 청년들을 만나면서 이런 메시지를 나눈 적이 있다.

"저도 그 시절에 정말 고민이 많았어요. 내 재능이 뭘까? 내가 뭘 잘하는가? 내가 뭘 좋아하는지, 뭐가 되고 싶은지도 모르고 딱히 하고 싶은 것도, 이루고 싶은 꿈도 없었어요. 운동을 선택했음에도 불구하고 운동선수로서 확신이 있었거나 운동선수로 꼭 성공해야겠다는 절박함이 없었던 거 같아요."

"한 사람이 어떤 분야에서 성공하기 위해서 100점이라는 점수가 필요하다고 했을 때 어떤 한 사람에게 공부에 대한 재능이 20점, 운동에 대한 재능이 30점, 그림이라는 재능이 50점이 있다면 어떤 것을 선택해야 성공할까요? 대부분 그림이요! 라고 답할 거예요. 그게 가장 쉽고 현실적이니까요. 그렇지만 솔직히 인생에 그런 지름길은 없어요."

"그럼 잘할 수 있는 일을 찾는 것보다 뭐가 더 중요할까요?"라는 질문을 받고 이영표 선수가 했던 말이 기억에 남는다.

"재능은 찾는 것이 아니라 자신이 만드는 거예요. 만약 피아노를 엄청 못 치는 친구가 3개월 동안 하루에 10시간씩 피아노만 연습한다면, 3개월 후에는 웬만한 건 연주할 수 있어요. 그러면 그 친구에게는 없던 재능이 생겨요. 마찬가지예요. 어떤 재능을 가지고 태어났는지는 중요하지 않아요. 자기가 하고 싶은 것을 열심히 하게 되면 그게 재능이 되는 거예요. 그렇게 재능이 생겨서 잘하게 되면 자연스럽게 재미있어지고, 재미있어지면 더 매진하게 되고, 습관이 생기는 거예요. 그러다 보면 더 잘하게 되어요. 저는 우리 젊은이들이 할 수 있는 일이 아니라 이루고 싶은 일을 찾아서 최선을 다해 도전하고, 인내하고, 노력하는 삶을 살 수 있었으면 좋겠어요!"

현재의 나는 사람들 앞에 서고, 전국의 청소년들, 청년들을 만나고, 요즘에는 부모님, 선생님들도 만나는 삶을 살고 있지만, 사실 그럴 수 없는 사람이었다.

사람들 앞에만 서도 얼굴이 빨개지고, 머리가 하얗게 되는 사람, 고3때 기도제목이 수능 대박이나 명문대 가게 해달라는 게 아니었다. "하나님, 제 성격 좀 바꿔주세요!" 눈물 흘리면서 기도했던 사람이었다. 그 정도로 내성적이고 열등감 많은 학생이었다.

그런 한 사람을 하나님께서 부르셨다. 하지만 반응할 수 없었다. 자신이 어떤 존재인지 알기 때문이었다. "저는 그럴 수 없어요. 제가 얼마나 부족한지 아는데요…."

"너는 아이라 하지 말며, 내가 널 보낼 때 가라"는 성경 말씀 이라든지, 다양한 말씀들로 부르셨지만, 순종하기 어려웠다. 그 정도로 자신감 없던 사람이었다.

그렇게 두려워 떨고 있는 저에게 용기를 내게 만드는 한 글귀를 보게 하셨다. 어떤 책에서 봤던 글귀인데 바로 이 말이었다. 10대의 마지막에 내 마음을 흔든 그 한 구절.

"하나님이 누군가를 부르신다는 것은, 그 사람이 그럴만한 능력이 있어서가 아니라 그럴만한 능력을 주시겠다는 말이다!"

이 말이 가슴 속에 박혔다.

"아 그렇구나! 나를 부르시는 것이, 내가 잘나고, 재능과 능력이 있어서가 아니라 지금은 그럴 수 없는 존재이지만, 이후에 나를 그럴만한 모습으로 만드시겠다는 약속이구나!" 와닿게 되어서 믿음으로 한 걸음, 두 걸음 내딛게 됐다.

용기라는 말은 "두려움이 전혀 없는 상태가 아니라, 두려움은 있지만 한걸음, 두 걸음 내딛는 것이 용기다!" 그렇게 용기를 내기 시작했더니 하나님께서는 정말 그 말대로, 만들어가셨고, 조금씩 변화시켜 가셨다.

하루아침에 변했던 것은 아니지만, 하나님은 포기하지 않으시고, 지금까지 인도하시면서, 하나님께서 원하시는 모습, 계획하신 존재로 만들어가셨다.

약해도 쓰임 받을 수 있다. 부족해도 괜찮다. 하나님은 바로 이 글을 읽고 있는 모든 분들의 상황, 환경, 마음 다 아신다. 다 아시는데도 부르시는 것이다. 누구나 할 수 있다. 하나님은 거리의 돌들로도 하나님을 찬양하게 하실 수 있는 분이시다. 포기하지 말라. 포기만 안하면 된다. 하나님은 하나님의 때에, 하나님의 방법으로 이루실 것이다.

마틴 루터의 비전?

마틴 루터가 500년 전에 종교개혁을 시작했지만, 그게 마틴 루터의 비전이었을까? 흔히 우리가 생각할 때 굵직한 역사적 흔적을 남기고 큰 업적을 이룬 사람들은 뭔가 다를 것이라고 여긴다. 그리고 엄청난 계획 가운데 이루어졌다고 생각한다. 하지만 의외로 그렇지 않은 때가 많다. 500년 전 종교개혁도 마찬가지다.

종교개혁자 마틴 루터는 종교개혁을 꿈꾸지 않았다. 물론 우리가 아는 95개조 반박문을 비텐베르크 성당에 붙인 것은 맞지만 종교개혁을 하려고 붙였던 것이 아니었다.

요즘으로 말하면, 대학 게시판에, 길거리에 대자보를 붙인 것 같은 건데, 좀 다르다. 설명하자면, 우선 마틴 루터는 독일 사람이다. 그렇다면 독일인을 대상으로 하는 대자보에는 독일어로 써서 붙이는 것이 맞다.

그런데 마틴 루터가 붙였던 95개조 반박문은 독일어가 아닌 라틴어로 써서 붙였다. 이게 무슨 의미일까? 원래 의도가 그게 아니었다는 말이다. 뭔가 개혁하고 뒤바꾸겠다는 의미가 아니라 다른 의도였던 것이다.

요즘에 교수님들이 논문을 써서 학술적인 업적을 남기듯이 그때 당시 본인이 느꼈던 생각을 라틴어로 적었다. 요즘으로 말하면, 한국인 교수님이 영어로 논문을 쓴 것과 다르지 않다. 영어를 못하는 사람은 이해할 수 없는 것이다. 라틴어는 더더욱 그때 당시에 신학자가 아니면 해석하기도 어려운 언어였다.

결국 일반 독일인들의 정신을 깨어나게 하고, 뭔가 문제점을 고발하는 '그것이 알고 싶다, 이제는 말할 수 있다.' 그런 게 아니라 학술적인 목적으로 라틴어로 붙였을 따름이다.

근데 왜 종교개혁이 일어나게 된 것인가? 그것은 루터가 아닌 다른 누군가가 독일말로 번역해서 옆에 붙여놓았는데 그게 의도치 않게 퍼져버린 것이다.

생각지 않게 퍼지면서, 마틴 루터가 곤란한 상황을 겪게 되면서 자기 선배 수사에게 해명하는 편지도 있다.

"아 그게, 그런 의도가 아니었습니다. 이렇게 될 줄 몰랐습니다."

그런데 의도치 않게 어느 순간 역사의 중심에 서게 됐고, 결단을 하게 된 것이다. 내가 의도했던 시작은 아니었다. 이것이 지금 하나님이 나를 부르신 부르심이구나! 거기에 반응하게 된 것이다.

하나님의 역사는 참 그런 것이다. 우리가 예상할 수 있는 범위 안에서 일하시는 것이 아니라 누가 볼 때 저 애가? 저 친구가? 저 사람이? 여기에서? 저 사람은 나사렛 사람인데? 저 사람은 집도 가난하고, 별 볼일 없는 사람인데? 그런 사람을 하나님은 부르신다.

〈지적자본론〉 책에 이런 말이 나온다. "모든 이노베이션(혁신)은 중심이 아닌 변방에서 시작된다."

마틴 로이드 존스도 이렇게 고백했다. "하나님의 부흥은 영국의 웨스트민스터 사원에서 시작되기보다 누가 볼 때 신경 쓰지 않는 저 작은 마을, 누구도 주목하지 않는 사람을 통해서 시작된다!"

　우리는 부족하다. 연약하다. 오늘 하루도 실수한다. 하지만 하나님은 그런 우리를 사용하시길 원하신다. 우리가 종교개혁을 일으킬 수는 없지만, 하나님은 우리를 통해 그분의 뜻을 이루신다!

"너희 안에서 착한 일을 시작하신 이가 그리스도 예수의 날까지

이루실 줄을 우리는 확신하노라" (빌립보서 1:6)

나의 고민, 우리의 숙제

　예전부터 생각한 것이지만 요즘 머릿속에 계속 되뇌는 관심사가 있다.

"사명은 하나님이 가치 있게 여기시는 시대적 소명이다" –최윤식 박사–

　학교사역? 이라는 것을 2012년부터 작은 마음으로 하게 되었고, 그로 인해 다양한 지역의 많은 학교들과 많은 아이들과 사역자들을 만나고 소통하게 되는 일이 생겼다. 그런데 그렇게 하다 보니 전에는 생각지 못한 것들, 알게 된 것들, 보이는 것이 생겼다.

1. 10대라는 시기가 너무 중요하고 그시기에 복음을 접하게 하는 것이 또한 중요한데 청소년들의 복음화률이 3.8% 미만이라는 사실이다.

대구의 한 친구는 고등학교 입학했을 때 자기 반에서 크리스천이 자기 혼자였다고 고백했다. 아직까지 학교에서 기도, 예배모임 하는 게 불법이 아니다. 가능하다. 그런 사례들도 많다.

각 지역마다 학교 예배자연합이 일어나면서 하나님께서 학생들을 통해서 자발적인 운동을 이루어 가신다. 그 길에 조금이나마 쓰임이 되어서 감사할 따름이다. 모든 것이 은혜이다. 그런데 과연 언제까지 가능할 것인가? 라는 물음표가 있다.

이미 미국의 공립학교에서 주기도문, 사도신경 외우는 게 불법이다. 학교 운동부에서 시합 때 기도했다고 법적 소송이 일어나는 것이 현재 미국이다. 하물며 한국이 과연 언제까지 허용이 될까라는 고민이 있다. 향후 10-15년 안에는 그런 모임 자체가 불법인 시대가 올 수 있다. 그래서 고민이다. 그 이후를 어떻게 준비할 것인가 에 대해서 말이다.

2. "청소년들은 좋은 말을 듣는 게 아니라 좋아하는 사람의 말을 듣는다." 청소년 사역을 오래하신 이재욱 목사의 말이다. 10대에게 복음을 심는 것도 이런 것을 고려해야한다고 생각한다.

또한 현재 그리스도인의 80-90%가 10대 때 믿었다고 말한다. 10대에 복음을 심지 않으면 나중에는 거의 불가능에 가깝다는 통계이다. 10대의 시기가 너무 중요하고, 그들이 대다수의 시간을 보내는 학교는 더 더욱 포기할 수 없는 현장인데, 그 문이 막힐 때를 대비해서 어떻게 풀어가야 할까? 라는 개인적인 고민이 있다.

 3. 이에 자문에 자답하기로는, 할 수 있는 데까지 학교에 교회를 세워가는 사역을 감당하면서 또한 복음을 우회적으로 심어가는 준비를 해야 하지 않나 생각한다. 다른 말로 하면, 학교에 기독교모임, 기독교 동아리 형식으로서가 아니라 좋은 활동, 의미 있는 프로젝트, 진로교육이든 급변하는 세상의 변화에 대한 교육이든 다양한 형식으로 학교 안에 들어갈 길을 만들어야겠다는 마음이 들었던 것이다.

 이제 향후 10-15년 안에는, 아니 지금도 단순히 교회 이름으로 학교와 연계하기 어려울 것이다. 일반적인 법인이나 사회적 기업이나 교육단체 등등 누가 봐도 문제가 없을 그런 단체로 학교와 연계를 해야 학교 안에 들어갈 수 있는 때가 되었다.

 그런 길을 모색하고 준비하고 싶다. 다만 아직 그 방법이나 구체적인 길은 모르겠다. 그러나 함께 고민하면서 다음세대에게 복음과 세상을 보는 올바른 시선(시각)들을 심어주는 삶을 살고 싶다.

 최윤식 박사는 이렇게 말했다. "하나님은 하나님의 사람에게 비전을 주신다." 이것이 정답이다. 그래서 고민한다. 나에게 주신 비전을 숙고하고 주신 비전을 이루고자 한다.

 같이 그 길 준비하고 걸어갔으면 좋겠다. 함께 고민하고 함께 풀어

갈 사람 있는가?

〈라틴어 수업〉 책에서 이렇게 말한다.

"수많은 위대한 일의 최초 동기는 작은 데서 시작한다. 지금 전 세계 수억의 사람들이 보는 유튜브 역시 처음에는 그저 재미있는 영상 클립을 사람들과 공유하고 싶다는 바람에서 시작됐다. 처음부터 위대한 사명을 가지고 거시적인 목표를 향해 달리는 사람들은 생각보다 많지 않다. 내 안의 유치함을 발견했다면 그것을 비난하거나 부끄러워하기보다 그것이 앞으로 무엇이 될까, 끝내 무엇을 만들어낼 수 있을까 상상해보는 건 어떨까?"

김상권 목사는 〈두려움에 답하다〉 책에서 이렇게 말한다.

"아브라함의 종이 리브가를 처음 봤을 때부터 그녀가 이삭의 아내가 될 것이라고 확신했을까? 천만의 말씀이다. 그런데도 이 사람은 리브가를 향해 달려간다. 리브가 또한 종과 헤어지고 그 어미에게로 달려간다. 그녀는 무슨 말을 들었을까? 종은 그저 "잘 데가 있느냐?"라고 질문했을 뿐이다. "너를 거부의 며느리로 삼기 위해 왔다"고 말하지 않았다. 그러니 리브가도 결국 영문을 모른 채 달려간 셈이다. 오빠 라반도 마찬가지다. 종을 영접하려고 달려왔을 뿐 그 역시 무슨 영문인지 모르고 달렸다.

이처럼 세 사람 모두 영문도 모른 채 달렸고, 하나님의 뜻은 이루어지고 있었다. 그것도 속히 되었다."

중요한 건 하나님의 뜻을 확신하는 것이 아니라 내가 하나님의 뜻대로 살아가는 자세이다. 하나님의 뜻은 우리의 확신이 아니라 우리의 자세로 이루어진다. 이것이 하나님이 일하시는 방식이다. 하나님의 뜻을 열심히 구하는데도 응답을 못 얻었는가? 그렇다면 지금 내가 하나님의 뜻대로 살고 있는지 나의 자세를 확인하면 된다. 그리고 그것이 습관이 되어야 한다.

"하나님, 제가 내년 한 해를 선교지에서 헌신할까요? 말까요?" 라고 기도하기 전에 지금 내가 하나님의 뜻대로 살고 있는지 먼저 확인해봐야 하는 것이라는 뜻이다.

그것을 점검하며, 오늘을 살아갈 때, 하나님은 하나님의 일을 당신을 통해 이루실 것이다.

9
구분해야 할
소명, 사명 그리고 비전

성경 속에는 소명과 사명에 관한 다양한 이야기들이 있다. 그리고 그 이야기 속에는 일정한 패턴이 있는데 다음과 같다.

1. 하나님께서 어떤 일이나 임무를 하도록 사람을 부르셨다(소명).
2. 하나님께서 그에게 임무를 맡기셨다(사명).
3. 하나님께서 그를 보내시고 그와 함께 하시며 이루신다(비전).

출애굽기 3장 1절부터 12절을 살펴보면 소명, 사명, 비전에 대해 잘 이해할 수 있다.

출애굽기 3:1-12

1 모세가 그의 장인 미디안 제사장 이드로의 양 떼를 치더니 그 떼를 광야 서쪽으로 인도하여 하나님의 산 호렙에 이르매

2 여호와의 사자가 떨기나무 가운데로부터 나오는 불꽃 안에서 그에게 나타나시니라 그가 보니 떨기나무에 불이 붙었으나 그 떨기나무가 사라지지 아니하는지라

3 이에 모세가 이르되 내가 돌이켜 가서 이 큰 광경을 보리라 떨기나무가 어찌하여 타지 아니하는고 하니 그 때에

4 여호와께서 그가 보려고 돌이켜 오는 것을 보신지라 하나님이 떨기나무 가운데서 그를 불러 이르시되 모세야 모세야 하시매 그가 이르되 내가 여기 있나이다

5 하나님이 이르시되 이리로 가까이 오지 말라 네가 선 곳은 거룩한 땅이니 네 발에서 신을 벗으라

6 또 이르시되 나는 네 조상의 하나님이니 아브라함의 하나님, 이삭의 하나님, 야곱의 하나님이니라 모세가 하나님 뵈옵기를 두려워하여 얼굴을 가리매

7 여호와께서 이르시되 내가 애굽에 있는 내 백성의 고통을 분명히 보고 그들이 그들의 감독자로 말미암아 부르짖음을 듣고 그 근심을 알고

8 내가 내려가서 그들을 애굽인의 손에서 건져내고 그들을 그 땅에

서 인도하여 아름답고 광대한 땅, 젖과 꿀이 흐르는 땅 곧 가나안 족속, 헷 족속, 아모리 족속, 브리스 족속, 히위 족속, 여부스 족속의 지방에 데려가려 하노라

9 이제 가라 이스라엘 자손의 부르짖음이 내게 달하고 애굽 사람이 그들을 괴롭히는 학대도 내가 보았으니

10 이제 내가 너를 바로에게 보내어 너에게 내 백성 이스라엘 자손을 애굽에서 인도하여 내게 하리라

11 모세가 하나님께 아뢰되 내가 누구이기에 바로에게 가며 이스라엘 자손을 애굽에서 인도하여 내리이까

12 하나님이 이르시되 내가 반드시 너와 함께 있으리라 네가 그 백성을 애굽에서 인도하여 낸 후에 너희가 이 산에서 하나님을 섬기리니 이것이 내가 너를 보낸 증거니라

누가 나를 불렀는가?

소명과 사명의 이야기를 풀어가기 위해서는 먼저 '누가 나를 불렀는가?'를 생각해 봐야한다. 이 질문은 단순한 것 같지만 매우 중요하다. 잠시만 생각해 보자! 나를 부른 분이 누구인가? 나는 어릴 때부터 의사가 되는 것이 꿈이었다. 왜냐하면 아버지가 원했었고, 늘 그렇게 주입

당했기 때문이다. 어린 시절, 나를 부른 사람은 아버지였다.

어떤 사람은 사회와 국가적 요구가 그 사람을 부른다. 이 부분에 대해 서강대 철학과 최진석 교수는 사회국가적 부름에 대해 다음과 같이 설명한다. '국가가 처음 세워질 단계에서는 법학과 정치학이 인기가 높다. 왜냐하면 법학과 정치학은 국가 기초단계에서 가장 힘이 있기 때문이다. 개발도상국가에서는 경영학이 인기가 높다. 그 단계에서는 돈이 힘이 있는 시대이기 때문이다.'

내가 캐나다에서 유학하던 15년 전에는 중국 유학생들의 90% 이상이 경영학을 공부했고, 대학원에서는 MBA를 공부했었다. 이는 그들에게 있어서 돈을 벌 수 있는 경영능력이 가장 크게 요구된 사회에 속해 있었다는 것을 의미한다. 국가가 선진국으로 들어가면 배고픔의 문제는 사라지는 반면 상대적 빈곤으로 인한, 다른 사람과 비교로 인한 마음의 문제가 대두되는 사회가 된다. 가난한 아프리카 국가에서 상담, 심리학이 인기 있을 이유는 거의 없다. 왜냐하면 배고픔의 문제가 여전히 크게 남아있기 때문이다.

그렇지만 선진국에서는 마음의 문제를 다뤄야 하는 상담, 심리학이 인기가 있다. 왜냐하면 선진국에서는 마음의 문제로 고통받는 사람들을 위해 상담, 심리학 전공자들이 많이 필요하기 때문이다. 더 나아가서 초고도로 발달한 국가에서는 인류학과 고고학이 인기가 있다고 한다. 그 이유는 초고도로 발달한 국가들은 제국주의를 꿈꾸기 마련인데, 그들은 이미 많은 것들을 가지고 있으므로 역사문제를 통하여 더 큰 제국주의 국가를 만들려고 하기 때문이다.

오늘날 대한민국은 선진국에 입문할 정도로 많은 분야들이 발전하였다. 더 이상 배고파서 굶어 죽는 사람은 거의 없지만, 상대적 빈곤의 문제로 마음이 어려워서 자살하는 사람들이 늘어나고 있다. 대한민국 사회는 인문학이 인기 있는 사회가 되어가고 있다. 심리학과 상담학이 필요한 시대로 접어들었기 때문이다. 이러한 상황에서 내가 원하는 것을 하지 않고 사회 국가적 요구에 따라 살아가는 삶을 산다면 진정한 나의 자아실현은 있을 수 없으며 사회나 국가의 시스템의 노예가 된다는 것이 최진석 교수의 강의 내용이었다.

그래서 노자사상을 강조하며 왜 오늘날 우리가 노자사상에 대해 배워야 하는지를 강의하였다. 그 강의를 들으면서 느낀 점은 교수님의 진단은 배울 점이 많으나 해법에는 동의할 수 없다는 것이다. 그 해법도 언젠가는 시들어져 없어질 것이기 때문이다.

"풀은 마르고 꽃은 시드나 우리 하나님의 말씀은 영원히 서리라 하라"

(이사야 40:8)

영원한 진리인 성경은 하나님이 우리를 부르셨다고 분명히 말한다.

그 이외의 모든 부르심은 세상에 속한 부르심이다. 우리는 내 자신, 내 가족 또는 사회와 국가의 부르심에 따라 살아가는 사람인지 아니면 하나님의 부르심에 따라 살아가는 사람인지를 성경 말씀을 통해 깊게 성찰해 봐야 한다.

우리 인생의 주인은 누구인가? 정말 살아계신 하나님의 아들 예수 그리스도가 내 인생의 주인이시며 구원자라고 고백하는 사람이라면 세상의 부르심이 아닌 하나님의 부르심에 믿음으로 반응하는 사람이 되어야 한다.

성경에서 말하는 소명과 사명의 이야기를 이해하기 위해 이제부터 모세의 이야기를 살펴보자.

> "여호와의 사자가 떨기나무 가운데로부터 나오는 불꽃 안에서
> 그에게 나타나시니라 그가 보니 떨기나무에 불이 붙었으나
> 그 떨기나무가 사라지지 아니하는지라
> 이에 모세가 이르되 내가 돌이켜 가서 이 큰 광경을 보리라
> 떨기나무가 어찌하여 타지 아니하는고 하니 그 때에
> 여호와께서 그가 보려고 돌이켜 오는 것을 보신지라
> 하나님이 떨기나무 가운데서 그를 불러 이르시되
> 모세야 모세야 하시매 그가 이르되 내가 여기 있나이다"
>
> (출애굽기 3:2-4)

모세는 도망자가 되어 광야에서 지낸지 40년이 되었을 때, 그의 일상의 삶 가운데서 특별한 체험을 하게 된다. 그의 일상 속으로 하나님이 찾아오셨다! 그 당시 떨기나무에 불이 붙은 장면은 특별한 일이 아니었다. 그러나 1미터 정도 밖에 되지 않는 아주 보잘 것 없는 떨기나무가 불에 붙었는데 그 떨기나무가 사라지지 않는 일은 특별한 것이었다(2절). 하나님께서는 그 모습을 바라보는 모세를 부르셨다(4절). 보잘 것 없는 떨기나무 같은 인생과 같은 모세에게 아무리 보잘 것 없는 인생이라 할지라도 하나님께서 함께하면 특별한 존재가 된다는 것을 직접 보여주시기 원하신 것이다.

여기서 우리가 알 수 있는 것은 모세의 소명과 사명의 이야기 속에는 하나님께서 먼저 모세를 택하시고 불렀다는 것이다. 즉, 하나님이 먼저 인간을 찾아와 주셨다는 것이다. 그리고 소명과 사명의 무대는 일상이라는 것이다. 그 일상 가운데서 특별한 일을 경험하는 것이 바로 소명의 장소라는 것을 볼 수 있다. 다시 한 번 질문해 보자. 누가 모세를 불렀는가? 사회적 환경이나 국가의 요구가 모세를 부르지 않았다. 하나님께서 모세를 부르셨다!

네 신을 벗으라!

하나님께서 우리를 부르실 때 우리에게도 반응이 필요하다. 성냥개비와 성냥갑이 따로 있으면 불이 붙지 않는 것처럼, 하나님의 은혜에 인간이 믿음으로 순종하며 반응할 때 하나님의 뜻은 이루어진다. 하나님은 당신의 형상으로 지어진 사람과 함께 일하시기를 원하시기 때문이다.

"하나님이 이르시되 이리로 가까이 오지 말라
네가 선 곳은 거룩한 땅이니 네 발에서 신을 벗으라"
(출애굽기 3:5)

"신발을 벗으라!"는 것은 무엇을 의미하는가? 신발을 벗으라는 의미는 하나님이 내 인생의 주인이라는 것을 인정하는 것이다. 내가 주인 된 삶을 포기하고 전적으로 하나님께 내 인생을 맡기는 것, 내 권리를 하나님께 드리는 것이 바로 '신발을 벗는다'의 의미다. 그런 자만이 하나님과 함께 할 수 있다.

하나님은 거룩하신 분이기 때문에 우리도 구별되어야만 한다. 그 구별의 시작이 세상의 부르심을 포기하고 하나님의 부르심에 내 인생을 맡기는 것이다.

예수님께서도 "아무든지 나를 따라오려거든 자기를 부인하고 날마다 제 십자가를 지고 나를 따를 것이니라(눅9:23)"라고 말씀하셨다. 자기를 부인하라는 것은 '신발을 벗으라'는 의미와도 같다. 이는 하나님의 뜻과 내 뜻이 달랐을 때 내 뜻을 포기하고 주님의 뜻을 따라가는 자가 자기를 부인하는 자이기 때문이다.

자기를 부인하는 것은 인생의 주인이 하나님이심을 삶 가운데 나타내는 사람을 말한다. 인생의 주인이 바뀐 사람! 더 이상 내 자신이나 세상이 아니라 천지를 창조하시고 우리를 만드시고 사랑하신 하나님만을 섬기는 사람이 자기를 부인하는 사람이다.

나도 세상의 부름에 속아 다람쥐 쳇바퀴 돌아가는 듯한 삶을 살아가는 사람이었으나 하나님의 놀라운 은혜로 하나님의 부르심을 받은 사람이 되었으며 그분께 믿음으로 순종하는 삶을 사는 은혜의 사람이 되었다.

내 인생의 적용: "신발을 벗으라!"

모세는 120년을 살았다. 그의 인생 첫 번째 40년은 "나는 모든 것을 할 수 있습니다!"라며 살았다. 그리고 두 번째 40년은 "나는 아무것도 할 수 없습니다!"라는 인생을 광야에서 지냈다. 마지막 40년은 "나는 아무것도 할 수 없지만, 하나님께서 주신 힘과 능력으로 모든 것을 할 수 있습니다! 다시 말해 내게 능력 주시는 자 안에서 내가 모든 것을 할 수 있습니다!(빌4:13)"라는 인생을 살았다.

모세의 인생 첫 번째 40년처럼, 나는 내 스스로가 모든 것을 할 수 있다고 믿었던 사람이다. 그러기에 내가 옳다고 하는 일에 목숨을 걸만큼 '자기 열정'과 '자기 의'가 강한 사람이었다.

나의 인생 가운데도 여러 가지 사건들이 있었다. 다 나눌 수는 없지만 아래는 나의 인생 이야기이다.

남자는 힘이다?

나는 어릴 때부터 어머니의 손을 잡고 교회에 다녔던 모태신앙인이다. 자신의 의지와 상관없이 어릴 때부터 교회에 나가는 것을 당연하게 생각했었던 모태신앙. 중학교 1학년 때 장기자랑 시간 때에도 '실로암'이라는 찬양을 반 아이들에게 불렀을 만큼 세상보다는 교회가 더 가까웠다. 그러나 중학교 2학년 때 어떤 끔찍한 사건을 경험한 뒤부터는 교회보다는 세상이 말하는 이야기에 더 관심을 가지게 되었다. 그렇게 세상이 부르는 첫 번째 소리가 바로 '남자는 힘이다!'는 구호였다.

그 끔찍한 일은 중학생 때 교회 '친구 초청 잔치' 때 일어났다. 나는 친구들을 전도하기 위해 학교에서 친구들에게 주일 모임을 알리고 행사를 소개했다. 친구들 중에 몇몇은 교회 가려면 아침 일찍 가야하기 때문에 우리 집에서 재워달라고 부탁했다. 그래서 10명 정도의 친구들을 집으로 데리고 와서 홍콩 무술영화도 보여주고 어머니께서 준비해 주신 간식도 챙겨주면서 잘 대접해 주었다. 집이 비좁았기 때문에 어머니는 일부러 다른 집에서 주무시면서까지 자리를 피해 주셨다. 그런데 주일 아침에 친구들이 모두 가출해 버렸다. 이들은 이미 가출을 계획하고 있었던 아이들이었고 우리 집을 하룻밤 정도 지내는 가출을 위한 아지트 정도로 생각했었던 것이다.

    월요일 학교에 등교하니 선생님께서 가출한 아이들을 재워줬다는 이유만으로 체벌을 하셨다. 심지어 어머니가 보는 앞에서 선생님의 발에 무참하게 밟혔던 모습은 생각하기도 싫을 만큼 내겐 정말 큰 충격적인 사건이었다. 아무리 설명해도 믿어주지 않던 서러움보다 더 마음 아팠던 것은 어머니에게 호통치는 선생님의 모습을 보는 것이었다. 선생님이 어머니에게 "어머니, 자식을 어떻게 키우셨으면 이 모양입니까? 그리고 애들이 어머니 안 계실 때, 포르노 비디오테이프도 보고 담배도 피우고 얼마나 나쁜 행동들을 많이 하는지 아십니까?" 어머니께서는 "저희 아들은 음란물이 아닌 홍콩무술영화를 봤습니다. 제가 비디오 가게에서 빌려주고 왔었습니다. 그리고 그럴 아이가 아닙니다! 현호 동생도 그 자리에 있었으니 다 알고 있는데 형들과 함께 홍콩 무술 영화를 봤었다고 합니다." 하지만 선생님은 어머니의 말조차도 믿어주지 않으셨다.

그 사건 이후 가출했었던 불량학생들이 너무 싫었고 그들을 볼 때마다 마음 한편에 그들을 죽이고 싶은 분노만 점점 커져갔다. 그 녀석들이 아니었다면 내게 이런 일들이 일어나지 않았을 것이라고 생각했기 때문이었다. 그리고 그 친구들이 다른 힘없는 아이들을 건드릴 때마다 때려 주고 싶었다. 어차피 선생님께 말해도 안 통할 테니 그들을 혼내줄만한 힘은 내가 가져야 한다고 생각했다. 그래서 나는 중학생 때부터 남자는 힘이 있어야 한다고 생각했다.

게다가 중학교 2학년 때 아버지가 돌아가시고, 여러 가지 안 좋은 일들을 많이 경험했기 때문에 남자는 힘이라는 생각이 굳어졌다. 더군다나 나는 그 당시에 집안의 가장이라는 생각을 가지고 있었기 때문에 힘이 있어야 이 가정을 지킬 수 있다고 생각했다. 싸움 기술이 좋은 편은 아니었지만 싸울 때마다 죽기 살기로 싸웠다. 과부인 집안을 무시하지 말라고….

하루는 같은 학교에 다니는 불량배 2명이 내게 돈을 달라며 협박했었다. 평상시에도 약한 학생들만을 자주 괴롭히고 돈을 갈취했었던 나쁜 녀석들이었다. 유도와 킥복싱을 좀 배웠었기에 일대일 싸움은 언제든지 자신 있었다. 그 녀석들을 벼르고 있었는데, 마침 그날이 왔다. 2명을 혼내줘야 하기 때문에 의자를 집어 들고, 허리띠를 휘두르며 두 명을 거의 실신하기 전까지 두들겨 패 주었다. 다시는 약한 애들 돈 뺏지 말라고….

잠시 한 눈을 판 사이에 그들은 교무실로 도망을 쳤고, 나중에 다른 친구들의 말을 들어보니 자기 담임선생님께 달려가 퉁퉁 부은 얼굴로 자기들 좀 살려달라고 빌었다고 한다. 잠시 후 그 선생님께서 나를 보자마자 이유도 묻지 않고 주먹으로 내 얼굴을 수차례 때렸다. 나는 내가 한 일이 옳다고 생각했기 때문에 맞으면서도 잘못했다고 말하지 않았다. 얼마나 맞았던지 얼굴은 피멍이 들었고, 퉁퉁 부었다. 나를 때렸던 그분은 내 말을 믿어주지 않았던 바로 그 선생님이시기 때문에 그냥 맞았다. 하지만 이 사건 이후로, 내 앞에서 돈 뺏는 애들은 사라졌었고, 내 눈을 피해 다녔다.

나에 대한 소문은 이미 고등학교에까지 퍼져 있었다. 친구 중에 지적 장애아가 한 명 있었는데 학교에서 왕따 당하며 매일 맞고 다녔다고 한다. 그러던 중 그 친구가 너무나 괴로워서 '현호가 내 친척이야!'라고 말했었는데, 때린 학생들이 나를 직접 데려오면 믿겠다고 했다고 한다.

끓어오르는 분노를 참기가 어려웠다. 지적장애를 가지고 있고 자기네들보다 약자라고 해서 내 동창을 건드리는 그들을 용서할 수 없었다. 내가 '그의 친척인 게 맞다'라고 거짓말하며 동시에 그 학교에 선전포고를 했다. 그리고 그 친구의 학교를 찾아갔을 때에는 내 친구를 건드렸던 아이들과 학교에서 싸움 좀 한다는 학생들 모두가 수업이 끝나기도 전에 이미 도망가고 아무도 없었다. 그 후 졸업할 때까지 아무도 그 친구를 건드리지 않았다.

대학교 1학년 때 토목과 반대표가 되었다. 60명의 학생들이 있었는데, 선거를 통해서 반 대표로 당선되었다! 내가 속한 반에는 그 당시 27살의 예비역 형이 있었는데 2학년 중에서 23살 선배가 27살 형한테 반말하며 선배 대접을 받기 원했다. 아무리 선배라고 해도 경우에 맞지 않다고 생각하여 사과를 요구했었다. 하지만 그 선배는 사과하지 않았다. 그래서 2학년 선배들이 모여서 술 마시는 어느 날, 그 장소를 찾아가서 다시 한 번 사과를 요구했다.

토목과 회장이 내게 어떻게 이곳을 알고 왔냐고 물어보길래, 부회장이 알려줘서 왔다고 대답했다. 그러자마자 회장이 "도대체 1학년 교육을 어떻게 시켰어?"라며 부회장의 뺨을 때렸다. 너무나 당황해서, "부회장이 무슨 잘못이 있습니까? 차라리 저를 때리십시오!"라고 말하자마자 한 대 맞았다. 맞은 후에 "대 토목과 회장님! 남자는 힘이다! 라는 구호를 외치는 토목과의 회장님이 이것 밖에 안 됩니까? 다른 쪽 뺨을 대 줄 테니 다시 한 번 때리십시오!" 이 말에 열이 받았었는지 회장이 있는 힘을 다해 내 뺨을 때렸다. 정말 아팠지만 깡으로 버텼다.

뺨을 맞은 후 나는 위협적으로 회장에게 한 마디 했다. "마지막으로 세 번째 기회를 주는데, 이번에도 제가 안 쓰러지면 그 때는 저도 어떻게 변할지 책임 못 집니다." 다시 한 대를 맞았다. 거의 쓰러질 뻔 했지만 오기로 버텼다(사실 이 때부터 내 턱에 문제가 생겼다). 회장은 끝까지 버티는 내 모습에 놀란 눈빛으로 이내 술집으로 도망가서 2학년 대부분의 예비역들과 운동 좀 하는 선배들을 데리고 와서 흠씬 두들겨 팼다. 나는 집단 구타를 당하면서도 끝까지 선배들의 사과를 요구했다. 맞다가 잠시 기절까지 했는데 그 상황에서도 계속 선배들에게 사과하라고 외쳤다. 결국 나는 병원에서 전치 16주 판정을 받았다. 턱에 문제가 생겨 평생 장애가 올 수 있다고 했다. 그 소식을 들은 선배들이 찾아와서 용서를 구했다. 형사고소하면 폭행에 가담했던 선배들 모두 즉시 구속될 수 있는 심각한 상황이었기 때문이었다. 난 단 한 가지 조건을 요구했다. "저희 1학년 예비역 형님에게 사과하십시오." 결국 며칠 후 내 뜻대로 2학년 선배들이 1학년 예비역 형한테 사과를 하고 마무리 되었다.

나는 내 자신이 하는 일이 옳다고 생각했었다. 그러나 하나님 보시기에는 옳은 방법이 아니었다. 출애굽기 2장 11절로 15절을 보면 자기 의에 기초한 열정의 결과가 무엇인지를 보여주고 있다.

출애굽기 2:11-14

11 모세가 장성한 후에 한번은 자기 형제들에게 나가서 그들이 고되게 노동하는 것을 보더니 어떤 애굽 사람이 한 히브리 사람 곧 자기 형제를 치는 것을 본지라

12 좌우를 살펴 사람이 없음을 보고 그 애굽 사람을 쳐죽여 모래 속에 감추니라

13 이튿날 다시 나가니 두 히브리 사람이 서로 싸우는지라 그 잘못

한 사람에게 이르되 네가 어찌하여 동포를 치느냐 하매

14 그가 이르되 누가 너를 우리를 다스리는 자와 재판관으로 삼았느냐 네가 애굽 사람을 죽인 것처럼 나도 죽이려느냐 모세가 두려워하여 이르되 일이 탄로되었도다

15 바로가 이 일을 듣고 모세를 죽이고자 하여 찾는지라 모세가 바로의 낯을 피하여 미디안 땅에 머물며 하루는 우물 곁에 앉았더라

모세는 자기 민족을 사랑하는 긍휼의 마음이 있었다. 그러나 지나친 자기 열정이 문제였다. 모세의 지나친 열정과 잘못된 사랑은 고되게 노동하고 있는 자기 형제를 쳤던 애굽 사람을 돌로 쳐 죽이는 잘못된 결과를 만들었다(11,12절). 모세는 그것이 자기 민족인 히브리인을 사랑하는 방법이라고 생각했을 것이다. 모세는 자기 동족을 사랑했지만 지나치게 사랑했다.

그래서 두 히브리 사람이 서로 싸우고 있을 때에도 중재자의 역할을 자처하며 잘못한 사람에게 왜 동포를 치느냐고 꾸짖었다(13절). 그러나 지나친 사랑은 두려움으로 돌아왔다. 지나친 자기 열정, 자기 의에 기초한 사랑의 결과는 두려움의 감정과 도망자의 모습이 되었다. 모세는 히브리 사람들을 도왔을 때, 당연히 그들이 고마워할 줄 알았을 것이다. 더 나아가서 모세가 사람을 죽인 일에 대해 염려하며 걱정해 줄

것이라고 여겼다. 그러나 히브리인은 "누가 너를 우리를 다스리는 자와 재판관으로 삼았느냐 네가 애굽 사람을 죽인 것처럼 나도 죽이려느냐?(14절)"고 전혀 생각하지 못한 반응을 보였다. 모세는 자신이 애굽 사람을 죽인 것이 탄로 난 것에 두려움을 느끼며 결국 도망자 신세로 전락했다(14, 15절).

모세가 잘못된 열정, 자기 의에 기초한 열정으로 학대 받고 있었던 자기 민족 히브리인을 보호하려고 했으나 그 결과는 도망자가 되었던 것처럼, 나에게도 억울함을 대변해줬던 27살 형에게나 2학년 선배들 모두에게 따돌림을 당하는 예상하지 못한 일들이 벌어졌었다.

잘못된 열정과 잘못된 방법으로 약한 사람을 보호하려고 했으나, 결국 윗사람이나 도움을 주었던 사람 모두에게 따돌림을 당하는 예상하지 못한 일들이 벌어졌었고, 나는 마음이 많이 상하게 되었다.

법이 힘이다?

'남자는 힘이다!'라고 생각했었던 것이 무너질 때쯤 나에게 '법이 힘이다!'는 생각이 들었다. 두 가지 사건을 통해 '법이 힘이다!'라는 것을 뼈저리게 느꼈기 때문이었다. 다시 나의 이야기를 이야기 해 보겠다.

첫 번째 사건은 동생의 죽음이었다. 내가 대학교에 입학하던 날 내 동생은 대학로에서 교통사고를 당했다. 동생 친구들과 목격자의 이야기를 들어보니 대학로에서 젊은 사람들끼리 싸움이 일어났었는데 그 때 동생도 함께 있었다고 한다.

동생은 누군가에 의해 밀쳐졌고 차로로 넘어졌다. 넘어진 순간 음주운전으로 의심되는 차량이 동생의 머리를 밟고 지나가 버렸다. 소식을 듣고 급하게 병원에 가서 보니 동생의 머리가 부어 있어서 도저히 알아 볼 수조차 없었다. 아침에 입고 갔었던 양복과 피 묻은 넥타이 그리고 환자 침대에 붙어있었던 환자의 이름을 보고서야 동생인 줄 알게 되었다. 인공호흡기에 의지하며 가픈 숨을 몰아쉬고 있는 동생을 보니 미칠 것 같았다. 현실이 아니라 꿈이었으면 좋겠다는 생각이 들었다. 그 때 의사선생님께서 보호자인 나를 불렀다. 그리고 동생의 CT 촬영 사진을 보여주시면서 머리뼈가 세 군데나 깨졌다고 말씀하시면서 절망적인 소식을 전해 주셨다.

뇌압이 오르고 여러 가지 상황이 좋지 않아 동생이 1시간 이내에 죽을 것 같다며 장기기증을 권유하셨다. 그 때 처음으로 무릎을 꿇으며 의사선생님의 옷자락을 붙들면서 "제발 동생을 살려주세요! 제 하나밖에 없는 동생입니다! 동생이 죽으면 제겐 소망이 없습니다. 동생을 책임져야 할 가장으로서 살아가야 하는데 이렇게 죽으면 너무 허망합니다. 제발 모든 것을 드릴 테니 살려주세요! 그리고 동생의 몸이 이렇게 따뜻하고 온기가 느껴지는데 어떻게 장기 기증할 수 있겠습니까?"라고 울부짖었다. 더 감당하기 어려운 현실은 우리 형제를 혼자의 힘으로 키우신 어머니에게 이 사실을 전해야 한다는 것이었다. 의사 선생님과 얘기를 나눈 지 한 시간이 지나자 동생의 인공호흡기는 더 이상 작동하지 않았다. 다른 신체측정기계 수치도 '0'이라는 표식만 보였다. 동생이 죽은 것이다. 그리고 간호사의 힘없는 말이 들렸다. "동생분은 사망하셨습니다." 도저히 현실로 받아들일 수 없었던 나는 짐승처럼 절규하며 울었다. 나보다 더 힘들었을 어머님은 아무 소망 없는 모습으로 그냥 쓰러져 계셨다. 눈물만 흘린 채로···.

동생의 장례식장으로 경찰이 찾아왔다. 동생이 자살을 했다는 것이다. 그래서 운전자의 과실이 30%, 동생의 과실이 70% 라는 것이었다. 그리고 가해자 측의 사위와 딸이 찾아와서 무릎을 꿇고 용서를 구하며 형사합의를 요청했다. 동생이 죽었는데 합의가 무슨 필요가 있을까? 합의를 해주거나 안 해주거나 죽은 동생은 다시는 우리 가족에게 돌아올 수 없는데··· 의미가 있다면 가해자 측이 용서를 받고 형량을 줄이는 것만 의미가 있을 뿐, 어머니께서는 사람을 죽이고 싶어서 죽일 사람이 어디 있겠냐고 말씀하시면서 그분들과 합의해 주시고 가해자를 용서해 주셨다.

동생을 화장한 후, 이모부께서 이 사건은 무엇인가 이상하다고 말씀하시면서 법률적으로 사건을 재검토할 필요가 있다는 것이었다. 그래서 검찰청에서 근무하시는 이모부의 지인 분과 그분을 통한 다른 분에게 사건을 의뢰하였다. 그 결과 나는 새로운 사실들을 알 수 있었다. 교통사고 담당 경찰관과 몇몇 증인들이 가해자 측에게 유리하게 진술하기 위하여 사실들을 왜곡했다는 것을 알 수 있었다. 담당검사는 재수사를 명령했고, 결과는 뒤집어졌다. 동생 과실 30% 운전자 과실 70% 그리고 동생은 자살이 아닌 사고사로 결론이 났다.

너무 억울하고 분해서 잠을 잘 수 없었다. 육체적인 힘으로도 안 되는 것이 있다는 것을 깨달으며 법이 곧 힘임을 알게 되었다. 법을 알지 못했다면 동생은 그냥 자살자가 되었을 것이고, 가해자에게 정당한 처벌을 내리는 것을 기대하기 힘들었을 것이다. 동생을 잃은 후 악으로 깡으로 버티고 힘으로 싸우는 것만이 전부가 아님을 깨닫게 되었다. 세상은 나에게 말을 걸었다. '법을 알아야 힘이 있다'고, '법을 알아야 억울한 자들을 도울 수 있다'고 계속 말했다.

군대 민원실

두 번째 사건은 군대 민원실에서 근무했었을 때 일어났다. 법을 알아야 힘이 있다는 것을 또 깨닫게 되는 계기였다. 나는 어머니가 조금만 도와주시면 군대를 가지 않아도 되는 여러 가지 상황들이었지만 군대를 다녀와야 사람이 될 것 같다고 내 요구를 들어주지 않으셨다.

결국 군 입대를 하게 되었는데, 당시 나는 관심 사병이었다. 동생을 잃고 나서 6개월간 술주정뱅이로 살다가 군대에 왔기 때문에 체력은 많이 떨어졌고, 정신적으로도 분노와 불만이 많은 상태였기 때문이었다. 자대배치를 받고 한 달 동안은 아무 일도 하지 않고 내무실 안에만 앉아있었다. 평균 이하의 체력과 정신력으로 동료들에게 불편한 존재가 되고 사격도 할 수 없었다. 부대장님은 아무것도 하지 못하는 나를 나 혼자 근무할 수 있는 민원 안내실로 보냈다.

민원 안내실에 근무하면서, 많은 민원인들을 만났었다. 늘 친절하게 이야기하면서 민원인의 입장에서 생각하는 태도를 가지려고 애를 썼었다. 그런 분들을 도울 때마다 나도 도움이 되는 존재구나라는 생각 때문에 정말 기뻤었다. 부대 앞에는 영세한 식당이 하나 있었는데 어느 날 식당 주인 아주머님께서 예쁘게 차려 입으시고 찾아오셨다. 어떤 일로 오셨냐고 물어보니, 공사 식대를 받으러 오셨다고 했다. 생각해 보니 부대공사 중 일 때 건설노동자들의 식사를 위해 아침저녁으로 식당 아주머니와 그의 딸이 부대를 왔다 갔다 하며 음식을 날랐던 기억이 났다. 식대가 총 200만 원이라고 했다. 왜 옷을 깔끔하게 차려 입고 오셨는지 알 것 같았다.

해당 부대에 전화해서 민원인의 이야기를 하니, 부대에서는 200만원을 줄 책임이 없다고 했다. 왜냐하면 이미 계약한 건설회사에 공사비용과 부대비용을 다 지급했기 때문이라는 것이다. 즉 식대는 그 하청업체에서 지급해야 한다는 것이었다. 그래서 해당 사실을 알려드렸더니 아주머니께서 바닥을 뒹구시면서 방성대곡 울기 시작하셨다. 너무 당황스러웠지만, 일단 아주머니를 일으켜 세워드렸다.

그러자마자 이제는 아주머니께서 자기 목을 조르면서 죽어버리겠다고, 자살해버리겠다고 소리치시는 것이었다. 나는 도무지 이해할 수 없는 상황이었지만 아주머니를 진정시킨 후 사정을 여쭤보았다. 아주머니가 이번에도 돈을 받지 못하면 공사 업체에게 두 번이나 사기를 당한 것이라고 했다. 이번에도 돈을 받지 못하면 고등학생인 딸의 학비와 교재 등 교육비를 낼 수 없다며 엉엉 우셨다. 일단은 자살을 막기 위해서 어떻게든 도와주겠다고 약속하고 집으로 돌려보냈다.

얼마 후, 공사업체 사장이 부대를 방문했다. 그 당시에는 주민등록증을 보면 군 경력을 알 수 있었다. 그 사장은 육군 공병대 대대장 출신으로 예편한 후, 건설업체 사장이 되었다. 건설업체 사장이 되어 후배 장교가 있는 부대에서 수의계약 공사를 입찰 받았던 것이고 또 다른 수의계약을 맺으러 다시 부대를 방문한 것이었다.

나는 토목과 출신으로, 토목기사자격증이 있기 때문에 대충 돌아가는 분위기를 읽을 수 있었다. 그래서 그 사장님에게 식비를 달라고 요청했더니 자기에게는 책임이 없다는 것이다. 사장님이 설명하는 이유는 그 업체는 부도가 나서 법률적 책임이 없고, 자신은 현재 다른 건설 업체 사장으로 있기 때문에 상관이 없다는 것이었다. 그래서 "사장님께서 다른 명의로 건설업체 여러 개 가지고 있으면서 200만원을 못 줍니까? 그리고 고의 부도를 내시고 다른 건설 회사들을 경영하시면서 그러시면 안 되죠! 200만원 때문에 사람이 죽을 뻔 했습니다." 고 말했더니 그 사장님이 많이 당황해 하시면서 "지상병, 왜 그래? 담배 한 보루 사줄 테니 그냥 넘어가!"라고 말하는데 더 화가 났다. 그래서 계속 따지는데, 갑자기 상관하고 통화하고 싶다고 해서 연결해 줬더니 황당한 답변을 들어야만 했다. "지상병, 뭔가 착각하고 있는데, 법률적으로 아무런 문제없는 사람을 잡아두고 뭐하는 거야! 계속 그러면 너 영창 보내 버릴 거야!" 이게 법이었다. 법적으로는 아무런 책임이 없었다.

며칠 후, 식당 아주머니가 찾아오셨다. 도와줄 길이 없어 그냥 울었다. 그리고 아주머니를 꽉 껴안고 펑펑 울며, "아주머니, 도와줄 길이 없어 정말 죄송합니다! 법이 그렇다고 합니다! 그런데 저런 악랄한 놈들 때문에 아주머니 같은 사람이 죽으면 절대 안 됩니다. 너무 억울합니다. 돌아가시면 안 돼요. 제가 열심히 공부해서 아주머니 같은 어려운 사람들 꼭 돕고 싶습니다. 법을 공부해서 꼭 돕고 싶습니다!"라고 말했다. 진심을 아셨는지 아주머니도 우셨다. 그해 겨울 크리스마스 때 부대로 아주머니가 찾아오셨다. 그리고 고맙다며 편지와 선물을 주고 가셨다. 편지를 읽어보니 식당 아주머니 딸이 쓴 편지였다.

"군인 아저씨 때문에 저희 어머니가 살아나셨어요. 그리고 제 학비도 해결되었습니다. 저희 어머니에게 따뜻하게 최선을 다해 도와주셔서 감사했어요. 세상은 나쁜 사람들도 있지만 군인 아저씨 같은 따뜻하고 좋은 사람도 있다는 것을 알 수 있었습니다.

고맙습니다. 그리고 제가 구입한 가죽 장갑입니다. 꼭 받아주시고 앞으로도 좋은 일 가득하길 빌겠습니다."

편지와 장갑을 끌어안고 많이 울었다. 법을 공부해서 동생을 죽인 자들에게 복수를 하고, 깡패들을 교도소에 집어넣고, 사기꾼들을 잡아 넣어서 가난하고 어려운 사람들, 힘없는 사람들을 도우며 살겠다고 다짐했다. 30살 까지만 사법고시 합격에 최선을 다하고 만약에 실패하면, 검사가 아닌 경찰이 되고, 그것도 안 되면 차라리 죽어버리자고 생각했다.

하나님의 방법

그러나 나의 생각과 하나님의 생각은 많이 달랐다. 군대를 제대하고 법대에 편입하여 사법고시를 준비하던 때에, 어머님의 권유로 제주 단기선교여행에 참여하게 되었다. 처음에는 그 시간에 공부하는 게 더 낫다고 생각했었다. 그러나 그 당시에 마음에 들었던 자매님이 그 선교여행에 가는 것을 알게 되었다. 내가 속한 청년공동체의 리더였는데 속으로만 좋아했었던 자매가 선교 여행을 간다고 하니 내심 동참해볼까 생각이 들었다.

하지만 양심상 그냥 갈 수는 없었다. 왜냐하면, 내 속은 온통 하나님을 향한 원망으로 가득한 사람이었기 때문이다. 교회에 열심히 다니며, 새벽 기도도 열심히 드렸음에도 불구하고, 아버지는 뇌종양으로 돌아가시고, 어머님은 신장이식 수술로 2년 간 지팡이를 짚고 다녀야 할 만큼 거동이 불편한 사람이 되어야 했으며, 하나밖에 없었던 동생은 이해할 수 없는 교통사고로 죽고 한 줌의 재가 되어 이 세상을 떠났는데, 어떻게 아무렇지도 않은 듯 동참할 수 있겠는가? 게다가 가끔 술과 담배도 하는데, 이런 내가 과연 사람들에게 예수님을 전할 수 있을지 도저히 장담할 수 없었다.

그래서 나는 하나님께 "선교여행 기간인 4박 5일 동안만이라도 당신께 순종하겠습니다! 죽으라면 죽기까지 할 테니까, 저를 사용하여 주십시오! 목사님께서 시킨 것은 제가 다 순종하겠습니다!" 라고 간절히 기도하였다. 그리고 100여 명의 청년들과 함께 제주도 단기선교여행을 떠났다.

2인 1조가 되어 제주도에서 무전 전도여행을 하게 되었는데 내 파트너는 정말 신실한 친구였다. 가끔 술과 담배를 의지하며 분노를 표출하던 안 좋은 습관으로 내 평판은 썩 좋지 않았다. 그래서인지 내 전도 파트너도 나를 조금 불편하게 생각하는 것 같았다.

하지만 하나님께 약속한 대로, 목사님께 배웠던 모든 것들을 순서대로 행하였다. 가르쳐 주신 대로 기도하고, 길가를 걸어 다니며, 그 땅을 축복하며, 그 곳에 있는 영혼들을 달라며 기도하였다. 그때가 무더운 7월 말임에도 불구하고 가는 곳마다 맨땅에 무릎을 꿇고 기도하였다.

그러던 중 깡패를 만나게 되었다. 팔에는 문신이 가득하고, 그 옆에는 술집에서 일하는 것처럼 보이는 여자가 팔짱을 낀 채로 걸어오고 있었다. 계속 기도하는데 그 깡패에게 복음을 전하라는 감동이 생겼다. 그래서 전도 파트너에게 말했더니 굉장히 당황해 하며 음성을 잘못들은 것 같다고 했다. 다시 한 번 기도하자고 해서 기도했는데 여전히 전도하고 싶은 마음이 불일 듯 일어났다. 결국 나 혼자 앞장서서 전도하러 갔다.

혹시 깡패에게 맞더라도 하나님과 약속한 것이 있으니 가야한다고 생각했다. 마음을 가다듬고 그 깡패에게 다가가 나를 소개했다. "저는 전라도 광주에서 온 지현호 형제라고 합니다! 복음을 전하려고 합니다!" 그랬더니 깡패가 말하기를, "뭐라고라! 전라도에서 왔다고라! 흐미 고향사람이네잉! 반갑소! 근디 뭐를 전하다 했소?", "고향 사람이라서 정말 반갑네요! 그냥 저를 따라서 기도하면 됩니다." 그리고 나 혼자 그 커플의 손을 잡으며 맨땅에 무릎을 꿇고 기도하였다. 무릎을 꿇고 기도했던 이유는 그 깡패는 나보다 키가 조금 작았기 때문이다. 그 때 배웠던 전도 원칙 중에 한 가지인 '상대방의 눈높이 보다 절대 위에서 전도하지 말라는 것'을 지키기 위해서였다.

   기도 한 후 눈을 떠보니, 그 깡패 형제도 무릎을 꿇고 있었고 여자도 그 옆에서 쪼그리고 앉아 있으면서 눈물을 흘리고 있었다. 그러면서, "고맙소! 고향사람! 이제 내가 무엇을 해야 하나요?"라고 묻는 것이었다. 나는 가까운 교회를 다니라고 말했다. 이 일이 있는 후, 제주 대학교에서 같은 방식으로 중고등학생으로 보이는 폭주족들에게 전도하였다. 그들 중에 붙잡고 기도했던 한 아이가 눈물을 흘리며, 교회에 다니겠다고 하였다. 하나님의 생각은 내 생각과 달랐다. 깡패들을 교도소에 넣지 않아도, 탈선 청소년들을 두들겨 패지 않아도 하나님의 은혜로 그들은 새로운 삶으로 초청되었다.

10
순종과 비전

주님의 뜻에 순종하는 사람으로

하나님은 4박 5일 동안만 나를 부르는 것이 아닌 평생 동행하고 싶은 자로 부르심을 알 수 있었다. 특별히 결혼을 통해 나는 더욱 하나님의 부르심을 확신할 수 있었다.

나는 결혼을 놓고 여러 가지 갈등이 있었기 때문에 고민이 많았다. 특별히 모교회의 중보기도팀원이시면서 늘 성전에서 기도하셨던 장모님이 내가 고시생이 아니라 신학생이 된다면 결혼을 허락해 주시겠다고 말씀하셨다. 사실 홀어머니에 고시준비생인 나에게 딸을 허락하신 것만으로도 나를 엄청나게 좋게 봐 주신 것이기 때문에 장모님께서 그렇게 말씀해주신 것만으로도 기적 같은 일이었다.

그럼에도 불구하고 나는 지금의 아내와 너무 결혼을 하고 싶어서 일단 결혼부터 하고 법을 공부하겠다는 속마음을 감추고 장모님께 거짓말로 신학을 하겠다고 하고 결혼식 날짜를 잡았다. 그런데 막상 결혼식 날짜가 가까우면 가까울수록 도저히 양심이 찔려서 정직하게 사실을 고백했고, 결국 결혼식을 3주 앞에 두고 파혼을 당했다.

지금까지 나는 내 인생 가운데 하고 싶은 모든 것을 할 수 있었는데 결혼만큼은 뜻을 이루기 힘들었다. 너무 마음이 힘들어서 난생 처음으로 3일 금식을 선포하며 그 기간 모교회에서 있었던 추계 부흥회에 참석하였다. 총 9번의 집회에서 8번을 참석했지만 어떤 음성도 들을 수 없었다. 집회 사이사이 쉬는 시간에는 개인 기도실에 들어가서 주님께 부르짖었다. "주님! 이 여자만 내게 주신다면 내가 모든 것을 할 수 있습니다! 제발 이 여자만 제게 주시옵소서! 결혼을 허락하여 주시옵소서!" 간절히 기도할수록 힘만 빠졌다. 배도 고프고 교회에서 집에 가는 길에 있는 포장마차에서 파는 붕어빵을 먹는 것이 오히려 더 나아 보였다. 하지만 내 결혼을 붕어빵과 바꿀 수는 없기에 금식 기간 동안은 헌금 이외에는 돈을 가지고 다니지 않았다.

마지막 날, 마지막 집회 찬양 가운데 하나님께서는 은혜를 주셨다. 난생처음 환상을 보았는데 내가 많은 사람들과 함께 찬양을 부르고 있었다. 그 사이로 빛 가운데 한 사람이 천천히 내게 다가왔다. 그 사람의 얼굴에는 광채가 났고 한 손에는 성경을 들고 하나님의 말씀을 수많은 사람들에게 선포하고 있었다. 하나님 말씀을 선포하는 그로 인해 많은 젊은이들이 깨어나는 그런 모습이었다. 점점 가까워지는 그 사람의 얼굴을 보고 나는 너무 놀라서 쓰러지는 줄 알았다. 바로 내 얼굴이었기 때문이었다. 그 때 계속해서 '그리스도의 계절'이라는 찬양이 들리는데 너무 감동되고 기뻐서 마치 가사의 내용이 내 인생의 모습처럼 느껴졌었다. 모든 집회가 끝난 후 나는 하나님께 계속해서 여쭤보았다. "주님! 내 결혼은 어떻게 된 것인가요?"

하나님께서는 내 결혼문제보다 당신과 함께하시기를 원하셨다. '내가 어디로 걸어가고 있느냐?'의 문제보다 '내가 누구와 함께 걷고 있는가?'를 계속 가르쳐주고 싶어 하신 것이다.

금식 기도 중에 하나님께서는 수많은 젊은이들을 향한 당신의 놀라운 비전을 보여주셨지만 난 끝까지 법을 포기할 수 없다며 하나님의 부르심에 순종하지 않았다. 하나님께서는 내가 법률가가 되어서 다른 사람들을 도와주고 싶은 삶을 원하신 것이 아니라 주의 종이 되어서 하나님의 말씀을 대언하는 자가 되기를 원하셨다.

하나님은 당신의 마음을 내 주변의 여러 사람들을 통하여 계속 말씀해 주셨다. 중보기도자인 장모님을 통하여 신학생이 된다면 결혼을 허락하겠다고 말씀하셨고, 복음전도자인 어머님의 기도동역자분들께서도 내가 주의 종의 부르심이 있다고 계속해서 말씀하셨다. 그러나 내 귀에는 전혀 들리지 않았다. 결혼도 내가 원하는 대로, 비전도 내 방식이 맞다고 생각했기 때문이었다.

하지만 주님께서는 결국 놀라운 은혜로 회심하게 하셨다. 그 일은 밴쿠버 다운타운에 거하시는 어느 권사님 댁 심방 중에 있었던 기도모임에서 일어난 일이다. 하나님께서는 그렇게도 고집 세고 완악한 사람에게 긍휼을 베풀어 내 자신이 얼마나 악한 사람인지 깨닫게 해 주셨다. '지현호'라는 사람이 얼마나 악독한 사람인지 깨달으며 진심으로 회개하자 성령이 임하셔서 동생의 목숨을 앗아간 사람들을 진심으로 용서하게 하시고 자유케 해 주셨다.

그 사건 이후 캐나다에서 영어를 배울 때 많은 도움을 주셨던 교회 목사님 부부께서도 주의 종이라고 말씀해 주시면서 신학대학원 원서를 넣어보라고 권면하셨다. 너무도 많은 사람들이 법이 아니라 신학을 공부해야 한다고 해서 캐나다 트리니티 신학대학원에 입학원서를 넣게 되었다. 원서를 넣긴 했지만, 내가 보았던 환상과 비전을 구체적으로 적으면서 신비주의라고 떨어지기를 바라는 마음도 한편에 있던 것이 사실이었다.

그럼에도 불구하고 한국에 와서 신학대학원 입학허가서를 받게 되었다. 하나님께서 주의 종으로 부르셨다는 것을 받아들일 수밖에 없었다. 나 같은 사람을 주의 종으로 쓰시겠다고 하니 이해할 수 없었다.

어느 날 우연히 어느 가난한 전도사님의 아들이 법학을 공부하는데 책이 없어서 어려워한다는 소식을 듣게 되었다. 나는 내가 공부하던 법학에 관련된 모든 책을 그 전도사님의 아들에게 그냥 주었다. 그리고 어머니께서 백독을 하셔서 이제는 다 떨어지고 낡아 닳아진 빨간 표지의 성경책만을 집어 들며, "주님 제가 이 길을 가겠습니다! 이제는 4박 5일이 아니라 남아있는 내 삶의 모든 날을 당신의 뜻대로 사용하여 주시옵소서!" 라고 기도했다. 하나님께서는 이 기도를 기뻐 받으셨다. 그리고 그 날 저녁에 또 한 번의 은혜를 경험할 수 있었다. 바로, 장모님께서 결혼을 허락해 주신 것이었다. 하나님께서는 철저히 내 마음의 중심을 보고 계셨다. 부르심에 진심을 넘어 전심으로 순종하기 원하셨던 주님의 뜻을 깨달을 수 있었다.

자격 없는 자에게 자격을 주신 하나님의 은혜를 어찌 다 표현 할 수 있을까? 구원하여 주신 것도 너무 큰 감사인데, 아무것도 아닌 나 같은 사람을 주의 대언자로 세워 주시니 몸 둘 바를 모르겠다.

평생을 헌신하겠다는 서원을 한 후, 나는 캐나다에서 신학공부를 시작했다. 그 곳은 천국의 사고방식을 배우는 광야 같은 곳이었다. 그곳에서 나는 광야를 거친 자만이 하나님의 동역자로서 성장해 간다는 것을 철저하게 배우고 깨달을 수 있었다("광야: 천국의 사고방식을 배우는 곳"

이라는 제목으로 광야의 훈련과 광야영성일기들을 다음 책에 나누려고 한다).

만 8년의 광야 훈련기간을 마치고 목사 안수 준비를 하고 있었다. 목사 안수를 받기 약 한 달 전 즈음 의미 있는 꿈을 꾸었다. 꿈속에서 나는 광야의 졸업식에 참석하고 있었다. 나뿐만 아니라 몇몇 사람들이 있었는데 하나님께서 겉옷을 입혀주시자 대성통곡을 하였다. 지난날의 힘들었던 삶의 기억과 현재의 기쁨이 교차하는 순간이었기 때문에 대성통곡하며 우는 것이었다.

그리고 그 곳에 있었던 졸업생들은 얼마 되지 않았지만 서로를 위해 눈물로 기도하였다. 잠에서 깨어났지만 내 눈에는 여전히 눈물이 흐르고 있었다. 또한 아내에게는 신명기 8장과 이사야 61장의 말씀을 중보기도 인도하는 가운데 주셔서 제사장의 정체성을 확인해 주셨다.

"나는 그리스도를 위해 모든 것을 잃어 버렸습니다.

내가 그 모든 것을 쓰레기처럼 여기는 것은 그리스도를 얻고

그분과 완전히 하나가 되기 위한 것입니다.

이제 나는 율법을 지켜서 내 스스로 의롭게 된 것이 아니라

그리스도를 믿음으로 의롭게 되었습니다.

이 의는 어디까지나 믿음에서 근거한 것이며

하나님께서 주신 것입니다. 내가 원하는 것은 그리스도를 바로 알고

그분의 부활의 능력을 체험하며 그분의 고난에 참여하고

그분의 죽음을 본받아 어떻게 해서든 나도 부활하는 것입니다"

(현대인의 성경, 빌립보서 3:8-11)

나는 이 시대의 하나님의 자존심! 그리스도인의 자존심으로 살고 싶다고 주님께 감히 고백했다! 하나님의 의이신 예수님을 드러내는 삶, 그 분께 죽도록 충성하며 그분을 가장 사랑하는 삶, 그 분께서 걸어가신 길을 나도 기쁨으로 걸어가는 삶을 살기를 간절히 소망하며 기도했다.

하나님께서 모세에게 사명을

표준국어대사전에 보면 소명은 "사람이 하나님의 일을 하도록 하나님의 부르심을 받는 일"이라고 정의한다. 그리고 사명은 "맡겨진 임무"를 말한다. 용어의 정의를 살펴보아 알 수 있는 것은 부르심을 받은 후에 맡겨진 임무를 받은 것처럼, 소명이 먼저고 사명이 나중이라는 것이다.

그러므로 소명과 사명의 순서가 바뀌면 안 된다. 하나님의 부르심이 없는 사명은 성경에서 말하는 사명과 다르다는 것을 알아야만 한다. 아무리 내가 하나님께서 좋아하시는 일을 생각해서 한다고 해도 그분이 부르시지 않았다면 그것은 내가 좋아하는 일, 내 마음이 원하는 일이지 하나님의 부르심은 아닌 것이다. 성경은 하나님이 먼저 우리를 부르셨고 그 다음에 사명을 주신다고 분명히 말하고 있다. 앞서 살펴보았듯이 하나님께서 모세를 부르셨다. 그리고 사명을 주셨다.

> "여호와께서 이르시되 내가 애굽에 있는 내 백성의 고통을
> 분명히 보고 그들이 그들의 감독자로 말미암아 부르짖음을 듣고
> 그 근심을 알고 내가 내려가서 그들을 애굽인의 손에서 건져내고
> 그들을 그 땅에서 인도하여 아름답고 광대한 땅, 젖과 꿀이 흐르는 땅
> 곧 가나안 족속, 헷 족속, 아모리 족속, 브리스 족속, 히위족속,
> 여부스 족속의 지방에 데려가려 하노라"
>
> (출애굽기 3:7-8)

모세의 사명은 출애굽기 3장 7절과 8절에 나타나있다. 모세의 사명은 하나님의 마음을 대언하는 자가 되어 하나님의 백성을 애굽인의 손에서 건져내고 그들을 그 땅에서 인도하여 아름답고 광대한 가나안 땅에 데려가는 것이었다.

'내가 누구이기에?'

"모세가 하나님께 아뢰되 내가 누구이기에 바로에게 가며

이스라엘 자손을 애굽에서 인도하여 내리이까"

(출애굽기 3:11)

모세는 하나님의 사명을 받고 어떤 반응을 보였는가? 모세는 "내가 누구이기에 바로에게 가며"라고 자기 자신을 의심하는 말을 하고 있다. "내가 누구이기에 바로에게 가며"라는 말 속에는 '나는 실패자입니다. 그리고 지금은 아무런 능력도 없는 사람입니다. 그런데 내가 누구이기에 그런 일을 감당할 수 있겠습니까?'라는 의미가 담겨있다.

우리는 모세처럼 사명을 받았을 때, 내가 할 수 있는 문제인지 아닌지를 먼저 고민하는 경향이 있다. 그러나 그것은 매우 인간적인 생각일 뿐이다. 사명을 받았을 때 우리가 반응해야 할 올바른 태도는 '해야만 하는 일이라면 믿음으로 순종'하는 것이다. 하나님은 하나님의 동역자를 부르실 때 그의 약함을 강하게 하시며 그 사명을 감당할 수 있는 힘과 능력을 주시는 분이기 때문이시다.

한국으로 떠나라!

목사 안수를 받고 나서 나는 밴쿠버 다운타운에서 청년들을 대상으로 다문화 다민족 선교적 교회를 개척하려고 했었다. 그래서 목사 안수도 현지에서 가장 영향력 있는 침례교단인 펠로우십 침례교(Fellowship Pacific) 서부지방회에서 목사 안수를 받았다.

소속 목사님들의 대부분이 백인 캐나다 목사님들 이었음에도 불구하고 교단 리더십들은 다문화권의 사역자에 대해 많이 열려있는 정책을 펴고 있었다. 캐나다 동기 목사님들의 교회를 탐방하고 교단 개척교회 디렉터 분을 만나기도 하면서 여러 가지 방법들을 논의했었다. 그런데 하나님께서는 내가 가지고 있는 모든 것들을 다 나눠주고 집을 정리하고 한국으로 떠나라는 마음을 주셨다. 그 당시에 나는 한국에 1년 정도 가서 다문화 다민족 교회 개척을 위한 펀드레이징(fund-raising)과 후원자 모집을 하려고 했었다.

한국에 들어가기 전 두 군데 교회에서 설교를 했었는데 그 두 군데 담임목사님의 기도를 통해 똑같은 메시지를 듣게 되었다. "지 목사님은 한국에 가시면 주의 종들을 깨우게 될 것입니다. 그리고 아직 드러나지 않는 하나님의 귀한 사람들과 함께 합력하게 될 것입니다." 나는 의심이 많고 분석적인 우울질 기질의 성향인데, 그래서인지 하나님께서 내가 의심하지 못하도록 교단도 다르고 교회도 다른 두 명의 목사님으로부터 똑같은 말씀을 듣게 하셨다. 그럼에도 불구하고 나는 그 말씀이 너무 무겁게만 느껴졌다. 나 같은 사람이 어떻게 그런 큰일들을 감당할 수 있을까? 그리고 지금까지 이 곳 캐나다에서 신학 훈련과 영성 훈련을 시키셨다면 이곳에서 사역을 하기 위해 주님이 부르셨을 것이라고 생각했기 때문에 쉽게 사명을 받아들일 수가 없었다.

나는 사명을 받은 이후 많은 것들을 이해할 수 없었지만, 하나님께서 주신 감동에 순종하여 집에 있는 모든 것들을 정리했다. 버릴 것은 버리고 나눠 줄 것들은 다 나눠 주었다. 그런데 옷을 정리하던 중 '겨울옷은 어떻게 해야 하나?' 라는 생각을 했었다. 한국에 가지고 들어가기에는 여름이라 시기적으로 맞지 않을 뿐만 아니라 짐만 될 것 같고, 또한 캐나다에 겨울 옷가지를 보관할 만한 장소도 마땅치 않았다. 이렇게까지 고민했던 이유는 사명을 받았음에도 불구하고 다시 캐나다로 빨리 돌아오게 될 줄 알았기 때문이었다. 그러나 하나님께서는 자꾸 모든 것을 다 나눠주고 당장 필요한 것들만 가지고 가라는 감동을 주셨다. 그래서 결국 겨울옷도 모두 필요한 사람들에게 나눠주고 나머지는 Thrift Store (중고 물품들을 기증하거나 사는 곳)에 다 기증하였다.

하나님은 연약한 자에게 늘 크신 은혜를 베풀어 주신다. 의심 많은 자에게도 기다리시며 세심하게 함께해 주시는 하나님! 하나님께서는 하나님의 일을 하시기 위해 함께하는 당신의 사람들을 인격적으로 대우해 주신다. 언제나 사랑과 신실함으로 대해 주신다.

집에 있는 것들을 다 정리한 그날 가정예배 때 '보물을 하늘에 쌓아 두라'라는 제목의 말씀 (마 6:19-34)으로 설교를 했다. 마태복음 6장 25절의 말씀이 마음 속 깊이 다가 왔다.

"그러므로 내가 너희에게 이르노니 목숨을 위하여 무엇을 먹을까
무엇을 마실까 몸을 위하여 무엇을 입을까 염려하지 말라
목숨이 음식보다 중하지 아니하며 몸이 의복보다 중하지 아니하냐"
(마태복음 6:25)

그 말씀은 나에게 큰 위로가 되었다. 마태복음 6장 19절에서 34절의 말씀 중에 '염려하지 말라'는 주님의 말씀이 3번(25절, 31절, 34절)이나 나온다. 우리는 먼저 그의 나라와 그의 의를 구하는 사람이 되어야 하지만, 이 땅 가운데서의 삶이 만만치 않음을 주님도 아시기에 '염려하지 말라' 라는 말씀을 무려 세 번이나 반복해서 말씀하고 계심을 깨닫게 되었다.

그리고 본문 중에 가장 중요한 말씀인 "너희는 먼저 그의 나라와 그의 의를 구하라 그리하면 이 모든 것을 너희에게 더하시리라" 라고 말씀하신 뒤에도 "염려하지 말라"라는 말씀으로 마치시는 주님의 의도와 마음을 읽을 수 있었다. 이런 주님의 마음이 연약한 내 심령 가운데 큰 위로가 되었다.

주의 종인 목사로서 완성될 하나님의 나라를 소망하는 사람이라면, 이 땅 가운데서도 천국을 소망하는 삶을 살아야 한다는 것을 더 깊게 깨닫게 되었다. 내 자신이 이 땅을 소망하며 썩어질 것들을 사모하며 살아가는 모습을 보인다면, 주님께서 맡겨준 영혼들에게 내가 어떻게 "이 본문의 말씀처럼 살아라!"라고 설교할 수 있을지 고민했다.

모든 것을 다 정리하고 한국을 떠나기 전에 가지고 있던 것은 결혼식 때 샀던 여름 양복 1벌과 몇 가지의 여름 옷가지 들이었다. '하나님께서는 왜 내가 아무것도 가진 것 없는 상태에서 한국으로 보내셨을까?'를 생각할 때마다 낙심되기보다는 큰 소망이 생겼다. 그것은 영원한 것을 소망하며 사는 것이 무엇인지를 내게 가르쳐 주시기 위함이었다. 더불어서 하나님께서 함께함이 가장 큰 복임을 알려 주시고자 함을 깨달을 수 있었다.

모세를 보내시는 하나님

하나님은 하나님의 백성 이스라엘 자손을 애굽에서 건져내기 위하여 모세를 바로에게 보내셨다.

"이제 내가 너를 바로에게 보내어 너에게 내 백성 이스라엘 자손을 애굽에서 인도하여 내게 하리라"

(출애굽기 3:10)

하지만 모세의 반응은 시니컬했다.

"모세가 하나님께 아뢰되 내가 누구이기에 바로에게 가며

이스라엘 자손을 애굽에서 인도하여 내리이까"

(출애굽기 3:11)

하나님은 모세가 '내가 누구이기에?'란 질문에 '너는 누구다!'라고 대답하지 않으셨다. 12절 말씀을 보라.

"하나님이 이르시되 내가 반드시 너와 함께 있으리라

네가 그 백성을 애굽에서 인도하여 낸 후에 너희가 이 산에서

하나님을 섬기리니 이것이 내가 너를 보낸 증거니라"

(출애굽기 3:12)

12절의 말씀을 보면 하나님의 대답은 동문서답같이 느껴진다. '모세 너는 누구다'라고 말하지 않고 "내가 반드시 너와 함께 있으리라"라고 대답하셨다. 마치 이 말씀은 내게 이렇게 들리는 것 같다. '모세 너는

기억해야 할 것이 있다. 떨기나무 같은 네가 누구인지를 정의하는 것이 중요한 것이 아니라 내가 너와 함께하는 것이 중요한 것임을 잊지 말라!'

하나님의 말씀을 통해 우리가 깨달을 수 있는 것은 소명과 사명의 이야기를 논의할 때 '내가 누구인가?(Who am I?)'의 문제보다 '내가 누구와 함께 이 길을 걷고 있느냐?(Who am I going with?)'가 더욱 중요한 문제임을 놓쳐서는 안 된다. 더 나아가서 '네가 어디로 가느냐?(Where am I going to?)'의 문제보다 '네가 누구와 함께 이 길을 걷고 있느냐?(Who am I going with?)'가 더욱 중요한 문제임을 놓쳐서도 안 된다.

함께 하시는 하나님

나는 한국에 도착하자마자 2주 동안 소화불량증상으로 거의 죽만 먹고 살았다. 그래서인지 몸무게가 3kg 빠졌고, 폐병환자처럼 기침도 멎지 않았다. 또한 아들과 딸도 수족구라는 전염병에 걸려 며칠 동안 고열로 밤마다 고생했었다. 다행히도 병원치료와 처갓집 식구들의 귀한 섬김으로 아이들은 거의 다 회복되었다.

하지만 나는 대상포진 증상과 혈변 증상이 계속되고 있어서인지 몸이 더 악화되었다. 일어날 힘도 없고 잠자리뿐만 아니라 모든 것이 불편했다. 그런 힘든 적응기를 보내고 있는 시기에 아내의 중보기도자들을 통하여 하나님께서는 메시지를 주셨다. 주님의 일로 한국에서 매우 바쁘게 될 것이라는 것이었다. 그리고 한국에 머무르는 기간도 길어질 것이라고 했다. 정말 그 메시지처럼 다시 밴쿠버로 돌아갈 마지막 비행기 표의 연장 기간 안에 돌아갈 수 없었다.

그때부터 나에게 한국도, 캐나다도 모두 불편한 땅이 되었다. 어느 곳도 계속 머물 곳이 없었고 캐나다의 문화와 한국의 문화 모두 어색하게 느껴졌었기 때문이었다. 하지만 그 와중에 한 가지 큰 변화가 있다면, 그것은 영원한 하나님의 나라와 예수 그리스도를 더욱더 간절히 소망하게 되었다는 것이다.

주님만을 바라보는 시간이 얼마나 기쁘고 감사한지, 그분이 내 가정과 함께 하신다는 사실이 얼마나 감격스러운지 모른다. 더 나아가서 '인자는 머리 둘 곳도 없다(마8:20)'라는 주님의 말씀을 되새기며, 주님을 따르는 삶을 더 깊게 생각해 보게 되었다.

11
선교와 비전

선교사 안식관과 중보기도자

한국에 머무는 시간이 길어짐에 따라 가족이 쉴 수 있는 장소가 필요했다. 한국에 도착하자마자 처갓집 식구들의 헌신과 섬김으로 잘 지냈지만 우리 네 식구가 머물기에는 비좁고 더운 여름이라 불편한 것이 사실이었다. 그래서 동역자들과 함께 하나님께서 예비하신 장소를 위해서 기도 했었는데 하나님께서는 이미 준비된 곳인 김천 이천교회 선교사 안식관으로 우리 가족을 옮겨 주셨다.

김천 이천교회는 시골 교회인데도 선교에 열심인 교회였다. 그 곳

담임목사님이셨던 문춘식 목사님의 말씀에 의하면 성령님의 감동에 순종하여 선교사 안식관을 마련했다고 한다. 교회 2층에 마련된 선교사 안식관으로 들어가던 첫 날을 잊을 수가 없다. 안식관에 들어가자마자 거실 벽면에 큰 현수막이 걸려 있었는데, 거기에는 '지현호 선교사님의 선교사 안식관 입주를 환영합니다!'라고 적혀 있었고 그 글귀 옆에는 나를 반겨 주는 듯 예수님께서 팔을 벌리며 서 계시는 그림이 보였다. 나는 그 현수막을 껴안고 울고 말았다. 하나님께서 모든 것을 예비하시고 함께하신다는 사실을 깨달았기 때문이었다.

더 놀라운 것은 그 교회는 365일 기도 모임이 있는 중보기도자들이 있는 교회였다. 매일 새벽마다 기도하고 밤 8시마다 365기도팀들이 매일 기도하는 예루살렘 성벽 위의 파수꾼들(사62:6-7)이 있는 귀한 교회였다. 문 목사님과 365기도팀원들은 매일 믿지 않는 마을 주민들 120여 명의 이름을 일일이 불러가며 기도하고, 후원하고 있는 9개국 10명의 선교사님을 위해, 나라와 민족을 위해, 다음세대를 위해, 그리고 안식관에 머물고 있는 우리 가정을 위해 기도해 주셨다.

평균연령 70대의 어르신들의 기도와 사랑을 듬뿍 받고 나는 점점 회복되어 갔다. 성미라고 불린 쌀도 매월 제공해 주시고, 첫 수확한 과일, 버섯, 그리고 어르신들이 직접 만든 반찬과 담임목사님 가정의 극진한 섬김은 늘 내게 감동을 주었다. 또한 문춘식 목사님께서는 항상 내 입장에서 생각해 주시고 불편하지 않도록 최선을 다해 섬겨 주셨다.

그 분들의 아낌없는 섬김의 모습을 통해 내게 맡겨진 영혼들을 어떻게 섬겨야 할지를 배울 수 있었다. 다른 말로 하면, '주의 종들을 깨우라!'라는 메시지는 '주의 종들을 섬기라!'라는 것임을 깨닫게 되었다는 것이다. 내가 선교사 안식관에서 귀한 섬김과 사랑을 받고 회복된 것처럼 나도 그런 태도와 삶으로 사명을 감당하라는 주님의 마음을 깨달을 수 있었다. 나는 연약하고 부족한 사람이었지만 하나님께서 주신 말씀은 내 삶 가운데 그대로 이뤄지고 있었다.

몸이 점점 회복됨에 따라 외부 집회 인도를 다닐 수 있게 되었다. 그때쯤 나는 다시 한 번 사명을 재확인 하는 은혜를 입었다.

중보기도자들을 세우고 격려하고 돌보기

"예루살렘이여 내가 너의 성벽 위에 파수꾼을 세우고

그들로 하여금 주야로 계속 잠잠하지 않게 하였느니라

너희 여호와로 기억하시게 하는 자들아 너희는 쉬지 말며

또 여호와께서 예루살렘을 세워 세상에서 찬송을 받게 하시기까지

그로 쉬지 못하시게 하라"

(이사야 62:6-7)

한국에 와서 하나님께서 주신 사명을 이루기 위해 가장 중요한 사람들이 바로 예루살렘 성벽 위의 파수꾼과 같은 '중보기도자들'이라는 것을 알게 되었다.

'중보기도자'로 부르심을 받은 사람들 중에 관계문제, 재정문제, 건강문제, 자녀 교육의 문제 등으로 고통 받고 있는 사람들을 성령께서 주신 말씀과 기도로 회복시켜, 사명의 자리를 잘 지킬 수 있도록 최선을 다해 섬겨왔다.

특별히 내담자 중에서 교회 문제나 목사님과의 갈등이 있었던 분들의 상담 태도를 보며 왜 이 사명이 중요한지를 더욱 깨달을 수 있었다. 교회지도자의 잘못을 바라보며 안타까운 마음으로 울며불며 하나님께 기도하는 중보자들의 말에는 공통점이 있었다. "선교사님, 제가 이 문제를 누구에게 이야기 할 수 있겠습니까? 내 얼굴에 침 뱉기 같은 일을 누구에게 말해야 합니까? 선교사님은 기도하시는 분이시고 교회를 사랑하시는 분이시니 저희 교회와 목사님을 위해 중보기도 부탁드립니다!"

나는 이분들이 사명의 자리를 포기하지 않도록 끝까지 섬겼고 매일 기도했다. 2013년 12월 31일까지 특별한 날을 제외하고는 매일 기도 수첩에 있는 약 300명의 중보기도자들을 위해 기도했다. 광주, 순천, 분당, 대구극동방송에서 만났던 분들, 대구 동신교회 중보기도 아카데미에서 개인적으로 기도 요청 했었던 분들이 대부분이었다. 내게 기도 요청 했었던 중보기도자들 중에 개인적으로 아는 분이 몇 안 되지만, 사명이기에 동역자처럼 여기며 그분들의 기도제목을 붙들고 하나님께 기도 드렸다.

청년 중보기도자를 세우는 사역과 선교사 안식관

먼저 은혜 받은 자가 은혜로 사역할 수 있다. 그래서 소명과 사명의 이야기를 풀어갈 때 하나님의 은혜가 중심이어야 한다고 감히 말하고 싶다. 하나님께서는 소망 없는 나를 불러 주시고 자격 없는 자에게 자격을 주시며 사명자로 세우셨다. 이것은 말 그대로 놀라운 하나님의 은혜이다. 그리고 일회성 이벤트로 나를 사랑해 주시고 함께해 주신 것이 아닌 끝까지 책임져 주시고 함께해 주시는 하나님의 긍휼과 사랑을 경험하고 있다.

하나님께서 보낸 사명의 장소에서도 늘 함께하시며 풍성한 은혜를 베풀어 주셨다. 더 나아가서 주의 종들을 섬기는 사역을 하기 전에 먼저 연약한 내가 귀한 주의 종을 통하여 섬김을 받게 하셨고, 중보기도자들을 세우고 격려하고 위로하는 사역을 하기 전에, 먼저 중보기도자들의 섬김과 사랑을 받게 해 주셨다. 김천 선교관에서 머물렀던 1년 동안 그 은혜를 깊이 누리고, 깨닫고 배우는 시간이었다.

그렇게 그 은혜를 깊이 깨닫고 몸이 회복되었을 때에 하나님께서는

"선교사 안식관을 떠나라"라는 마음을 주셨다. 1년 동안 그 곳에서 머무르면서 많은 사랑과 섬김을 받고 회복된 나는 김천 선교사 안식관을 떠나 성령님께서 감동 주신 곳인 통일전망대와, 양화진 선교사 묘원, 가평 필그림 하우스 산책로, 지리산에 있는 암환자 전인치유센터등에서 기도하게 하신 후 대구로 인도하셨다. 하나님께서는 성령의 감동에 따라 이동하는 모든 여정마다 필요한 모든 재정을 중보기도자들을 통하여 공급해 주시며 우리 가정과 함께하고 계심을 계속 보여주셨다.

성령께서 대구로 가라는 감동을 주셨을 때, 나를 아는 모든 사람들이 반대를 하였지만, 단 한 명만이 "대구는 선교사의 순교지이고, 목회자의 무덤이다!"라며 대구에 와야 한다고 말해 주었다. 그 말을 해 주었던 동역자가 '김영한 목사님'이다. 다음세대에 미쳤다고 할 만큼 열정적인 하나님의 사람이며 중보기도자이다. 대구 극동방송과 대구 동신교회 중보기도팀을 이끌고 있었던 김영한 목사님은 나에게 비전을 나눠주었다.

예배의 세대, 성령의 세대, 통일의 세대를 위한 청년 300명의 중보기도자들을 세우고 7,000명의 구별된 참 된 예배자를 세우라는 비전이었다. 예배에 목숨 걸고, 교육과 훈련에 뛰어들며, 선교에 헌신하는 공동체를 세워 가기 원하는 김영한 목사님과 협력하는 것은 하나님께서 주신 큰 기쁨이었으며 하나님께서 내가 대구로 가기 원하시는 사인 중의 하나라는 것을 알 수 있었다.

선교사 안식관 사역과 지역교회 협력사역

"우리가 알거니와 하나님을 사랑하는 자 곧 그의 뜻대로

부르심을 입은 자들에게는 모든 것이 합력하여 선을 이루느니라"

(로마서 8:28)

대구에 도착했을 때, 사랑하고 존경하는 동역자인 김영한 목사님과 만나서 하나님께서 주신 비전을 나눴었다. 그런데 김영한 목사님께서 성령님께서 감동을 주신다고 하시면서 내가 예정되어 있었던 중보기도 집회 마지막 주 강사로 서지 말고 첫 번째 강사로 서서 하나님께서 주신 비전을 나누어 주면 좋겠다고 말해 주었다.

그래서 그 중보기도모임집회 가운데서 하나님께서 주신 비전을 나누었는데 그 비전에 함께하는 중보기도자들이 있었다. 어떤 권사님께서는 자신이 소유하고 있는 빌라의 1층을 우리 가정의 거처를 위해 선교사 안식관으로 헌신하셨으며 어떤 분은 2,500만원이라는 거금을 헌금해 주셨다. 하나님께서는 내게 대구에 거처할 집과 재정을 주시면서 선교회나 교회 개척이 먼저가 아니라 선교사 안식관을 먼저 계약하라

는 마음을 주셨다. 순종하는 마음으로 2,300만원 전셋집을 계약하고 나니 또 다른 중보기도자 분이 안식관을 위하여 교육 적금을 해약한 500만원을 헌금해 주셨다.

그 500만 원으로 안식관에 필요한 물품구입비로 사용할 수 있었다. 또한 선교사 안식관 오픈을 위해 매월 30만원씩 3년간 안식관 유지, 관리 비용을 헌신해 주신 분, 가진 달란트로 도배와 장판을 해 주신 분, 모든 가구와 물품들을 구입하고 알맞게 꾸며 주신 분 등 여러 중보기도자들을 통하여서 하나님께서는 선교사 안식관을 오픈해 주셨다.

이 모든 과정을 통해 여러 사람들이 합력하여 선을 이루는 것을 볼 수 있었으며, 합력하여 섬길 때 누구 한 사람의 이름이 드러나는 것이 아닌 주님의 이름이 드러남을 볼 수 있었다. 지금까지 이 선교사 안식관에 중국, 말레이시아, 중앙아시아, 캐나다에서 오신 선교사님들이 이용하였고 현재는 어머님 선교사님이 지병으로 인해 거주하고 계신다. 그래서 나는 또 다른 선교사님 가정을 섬기기 위해 제2의 선교사 안식관을 놓고 기도하고 있다.

많은 사람을 섬기기보다 1년에 3가정을 섬기는 것을 목표로 하고 있다. 나는 김천 이천교회 선교사 안식관을 통하여 선교사 한 가정을 어떻게 섬겨야 하는지를 잘 배울 수 있었다. 그 중 하나는 교단 등을 뛰어넘는 섬김이었다. 김천 이천교회는 내가 육체적, 정신적으로 가장 연약했을 뿐만 아니라 재정적으로도 힘이 들었을 때 단지 내가 선교사라는 이유만으로 섬겨 주셨기 때문이다.

가정에게 쉼과 치유의 공간인 선교사 안식관을 무려 1년 동안이나 무상으로 제공해 주었을 뿐만 아니라, 쌀과 김치, 전기세, 가스, 보일러 기름 비용까지 모두 섬겨 주셨다. 김천 이천교회의 섬김을 통해 배웠던 것처럼 나도 그렇게 섬기기를 원한다. 그래서 많은 사람들을 섬길 수는 없지만 하나님께서 허락하신다면 3가정을 섬기려고 계획하고 있다.

섬김을 받은 선교사님이 회복되어 사명의 자리로 돌아갈 수 있다면 얼마나 행복할까? 또한 하나님께서는 흥미로운 제자 훈련의 원리를 밴쿠버 목회자 성경연구 모임에서 알려주셨다. 만약 섬김을 받고 회복된 선교사님께서 다음 사역지에서 1년 동안 12명의 예수님의 제자들을 만든다면, 그리고 그 12명의 제자가 다시 1년 동안 각각 12명의 또 다른 제자를 만든다면 9년 뒤엔 51억 9천만 명의 예수님의 제자가 만들어지게 된다. 1년에 12명이 아니라 3명의 제자를 만든다 할지라도 21년이 지나면 100억 명의 제자가 만들어지게 된다. 이해를 돕기 위해 표로 정리하면 다음과 같다.

12명 제자의 원리	3제자 원리
1년 12명 9년 차 51억 9천 (10년 차 619억)	1년 3명의 제자 21년 100억 명의 제자

반면에 유명한 부흥사가 매일 1,000명에게 복음을 전한다고 가정할 경우 70억 인구에게 복음을 전하려면 19,178(일만 구천 일백 칠십 팔)년이 걸리게 된다.

선교사님 한 가정을 섬기는 것뿐만 아니라, 중보기도자 한 사람 또는 한 가정을 섬겨 그 가정을 성령 안에서 말씀과 기도 찬양으로 예배드리는 공동체, 선교하는 공동체로 변화시킨다면 20년 뒤엔 어떤 일들이 일어나게 될까?

나는 앞으로 선교사 안식관을 통하여 세 가정을 섬기려고 한다. 또한 중보기도자들을 집중해서 양육하고 훈련시키려고 한다. 그리고 이들의 회복을 위한 중보기도집회를 준비하고 있다. 또한 교단에 충성하는 제자, 교회에 충성하는 제자, 주의 종에게 충성하는 제자가 아닌 예수님이라면 모든 것을 내어놓고 순종하는 제자를 만들고 싶은 소원이 있다.

나의 또 다른 비전은 예수님을 너무 사랑하기 때문에 영적 권위와 질서에 순종하는 제자들을 키우는 것이다. 예수님을 너무 사랑하기 때문에 사명의 자리를 눈물로 지키며 한 알의 밀알이 되어 열매를 맺는 제자들을 만드는 것이다. 하나님께서 원하시는 개척 교회와 지역교회 및 기관 협력 사역을 통해 귀한 주의 종들을 섬기는 사역을 앞으로도 계속해서 해 나갈 것이다.

나의 소명과 사명의 이야기는 계속 진행 중이다. 사역의 모습은 다양하게 변할지도 모르지만 하나님의 함께하심과 그 분의 은혜에 반응하여 믿음으로 걸어가는 것은 변하지 않을 것이다. 연약하고 부족한 사람의 소명과 사명의 이야기를 통해 독자들에게 조금이라도 도움이 되었기를 간절히 소망하고 있다.

성경 이야기 속에 나타난 소명과 사명에 관한 일정한 패턴을 살펴보았다.

1. 하나님께서 어떤 일이나 임무를 하도록 사람을 부르셨다(소명).
2. 하나님께서 그에게 임무를 맡기셨다(사명).
3. 하나님께서 그를 보내시고 그와 함께 하시고 이루신다(비전).

오늘도 주님께서는 동일한 패턴으로 우리를 부르시고 계시며, 사명을 주시기 원하시며, 사명지로 보내시기 원하시며 그곳에서 함께하시겠다고 말씀하고 계신다. 이 소명과 사명에 대해 다시 한 번 각자 깊게 생각해 보며 믿음으로 반응하는 복된 시간이 되기를 소망한다. 믿음으로 반응하며 결단하며 살기를 원하는 분들은 다음과 같은 결단의 기도를 드리자!

내 인생의 주인이 바로 예수님이십니다(마16:16). 하나님의 나라와 의를 위한 삶을 살겠습니다(마6:33). 선교지향적인 인생, 선교하는 인생을 살겠습니다(마28:18-20). 늘 주님과 동행하는 삶을 살겠습니다(요15:5).

12
연약함과 비전

우리는 오랫동안 비전에 대해서 듣고 말했다. 대부분 비전하면 약함이 아닌 강함의 이미지를 떠올린다. 실패가 아닌 성공을 상상하게 된다. 그래서인지 우리는 비전의 사람을 너무 크고 거창하고 혹은 그들은 모두 다 완벽하고 완전할 것이라고 생각한다. 정말 그럴까?

결론부터 말하자면 성경을 통해 드러나는 비전은 사실 약함 가운데 강함 되시는 하나님의 은혜로 이루어진다. 성경에서 만나는 비전의 사람들은 결코 완전하지 않다.

오히려 문제투성이의 인물들이 많다. 그들도 우리처럼 다양한 문제들로 고민하며 자신의 죄와 허물의 문제로 씨름한다. 자신의 연약함의 올무에 걸려서 고생한다. 때로는 자신의 부족함에 한계를 느끼고 절망하기도 한다.

중요한 것은 그때 무엇을 보고 어디로 가는가 하는 것이다. "이에 여호와의 말씀을 따라 갔고"(창12:4) 이것이 핵심이다.

"너는 복이 될지라"(창12:1) 하나님께서 아브라함에게 비전을 주신 나이는 75세였다. 75세이면 은퇴하고 쉬셔야 할 나이고 노인네 취급을 당할 수 있는 나이이다. 혹은 자기 자신 스스로도 인생의 마무리를 지을 때라고 여길 때이다.

그러나 하나님이 주신 꿈이 있기에 나이의 한계를 넘어서서 순종의 발걸음을 옮긴 것이다. 하나님이 주신 꿈이 있는 사람은 나이에 제한을 받지 않는다. 환경과 상황 속에 갇히지도 않는다. 비전의 사람이 되기를 원하는가. 그렇다면 자기 스스로에게 한계를 정하지 말라. 인간적인 조건 때문에 미리 선을 긋지 말라. 생체의 나이와 꿈의 나이는 다르다. 꿈의 나이는 한계가 없다. 꿈은 나이가 아니라 하나님과 가깝고 친밀한 사람들이 꾸는 것이다.

아브라함은 자기의 생명을 잃을까 두려워하여 아내를 누이라 속이고 거짓말했던 연약함이 있었다. 아내의 뒤로 숨은 것은 아내에게 상처 주기에 충분한 비겁한 행동이다. 자신이 살기 위해서 아내를 아내라고 하지 못하는 비겁함과 용기 없음으로 인해 아내는 큰 상처를 받았을 것이다. 그런 아브라함의 연약함에도 불구하고 하나님은 그를 사용하셨다.

아브라함의 경우를 보더라도 알 수 있듯이 모든 것이 완벽한 사람들이 비전의 사람이 된다는 생각은 착각이다. 실제로 성경에서 만나게 되는 비전의 사람들은 연약함의 문제로 넘어지고 자빠지고 쓰러진 사람들이 많다.

그러나 하나님이 주시는 꿈이 있기에 하나님께서 친히 그들을 빚어 가시는 것이다. 비전의 사람에게 중요한 것은 자기 자신이 아닌 하나님이다. 하나님께 연결되어 있는가가 중요하다.

아브라함의 최고 강점은 자신의 연약함에 무너질 때도 있었지만 "여호와의 말씀을 따라 가는 것"(창12:4)이다. 아브라함은 하나님의 말씀에 자기 자신을 계속 연결하였다. 하나님의 말씀이 인도하는 방향으로 계속 순종의 걸음을 한 발자국씩 옮겼다. 중요한 것은 바로 이점이다.

어떠한 연약함이 있을지라도 여호와의 말씀을 지속, 반복, 집중해서 따라가다 보면 자신의 한계를 뛰어 넘는 은혜를 경험하곤 한다. 자신의 연약함과 부족함을 넘어서는 더 크신 하나님을 만나기 때문이다.

비전의 사람을 빚어 가시는 분은 하나님이시다. 하나님의 손이 빚어 가신다면 결국 하나님이 주신 꿈은 이루어질 것이다. 우리는 단지 순종하기만 하면 된다. 그분이 이루어 가신다. 우리에게 중요한 것은 꿈을 주시는 하나님을 의지하고 의뢰하고 의탁하는 것이다.

아브라함은 이삭을 번제로 바치라고 하나님께서 말씀하셨을 때 이

전보다 성숙한 모습을 보인다. 그는 즉각 순종했다.

"이에 여호와의 말씀을 따라 갔고"

(창세기 12:4)

아브라함은 망설임 없이 순종의 발걸음을 옮겼다. 그는 수많은 시행착오를 통해서 자신이 아니라 하나님이 하신다는 것을 알았다. 이제 그에게는 "하나님이 준비 하신다."는 믿음이 생겼다. "죽은 자를 살리시는 하나님, 무에서 유를 창조하시는 권능의 하나님"을 경험하여 알게 되고 믿게 된 것이다. 그 확신이 그에게 순종으로 헌신하게 한 것이다.

우리는 내가 하려고하기 때문에 내 능력의 한계를 벗어난 것에 대해서는 순종하지 못하고 망설이곤 한다. 내가 하려고하기 때문에 내 능력의 한계를 만나면 넘어서지 못하고 주저하다가 꿈이 아닌 현실에 안주해 버리곤 한다. 비전의 사람이 되고자 한다면 나를 보아서는 안 된다. 주께 나아가야 한다. 주님 보좌 앞에 나아가서 엎드려 나의 연약함, 한계, 나의 상황이 아닌 꿈을 주시는 하나님을 계속 바라보아야 한다. 새 힘과 능력을 주시기까지 그분께 붙어 있는 것이다. 붙어 있음이 능력의 원천이다. 하나님의 신실하심을 믿고 그분께 붙어 있어야 한다. 내가 연약할수록 더 오래도록 그분께 붙어 있어야 한다. 내 한계에 좌절하고 절망할수록 그분께 더 오래 붙어 있어야 한다. 나의 연약함과는 상관없이 나를 더욱 귀히 여기시고, 나를 사랑하시는 하나님을 볼 수 있어야 한다.

우리가 꿈의 사람으로 빚어질 수 있는 비결은 '붙어 있음'이다. 하나님께 붙어 있기만 하면 하나님의 손이 우리를 빚어 가신다. 주는 토기장이이고 우리는 진흙이다. 하나님이 우리에게 꿈을 주시는 분이고 우리는 그분의 손에 의해 꿈의 사람으로 빚어져 가는 것이다.

빚어 가심은 축복이다. 우리가 여호와의 말씀을 따라가기 위해서 순종의 씨름을 하는 과정에서 우리의 불필요한 부분이 깎이고 다듬어진다. 하나님이 주신 꿈의 모습대로 빚어가는 것이다. 그 과정에서 우리는 가마에 들어가기도 한다. 뜨거운 가마 속에서 우리 속에 불필요한 것들을 제하고 더 단단해지고 완전한 모습으로 담금질 되어야 한다.

우리는 절대 내가 주인이 되려고 해서는 안 된다. 하나님이 주인이시다. 내 마음대로 주인노릇하며 가는 것이 아니라 하나님의 인도하심을 받아서 그 분이 가시는 대로 우리는 가기만 하면 된다. 하나님만이 인도자이시다.

비전의 사람은 "이에 여호와의 말씀을 따라 갔고"(창12:4) 이 말씀이 삶의 굽이굽이에서 발견된다. 이해할 수 없는 순간에도, 내 생각과 반대되는 순간에도 나보다 하나님의 말씀을 따라간다. 그렇게 하나님의 손으로 빚어져 가는 것이다.

우리 시대에는 약함이라는 벽에 가로 막혀서 꿈도 꾸지 않는 이들이 너무 많다. 우리는 그 벽을 뚫으시고, 뛰어 넘으시는 하나님을 알아가야 한다.

13
인내와 비전

"**계속해서 어려움의 연속인데** 이것이 정말 하나님이 주신 꿈일까요? 하나님이 주신 꿈이라고 생각하고 살아가는데 왜 이리 삶이 힘든지 모르겠어요. 아무리 노력해도 삶이 바뀌질 않습니다. 계속해서 어둠 속을 걷는 느낌입니다. 이렇게 가다가는 제 인생이 광야에서 끝날 것 같다는 두려움이 들곤 합니다."

삶에 지치고 힘든 이들은 하나님이 주신 비전일지라도 회의와 의심을 갖곤 한다.

한번쯤 질문해 볼 필요가 있다. 하나님이 주신 비전이라면 무조건 만사형통한가? 일사천리로 모든 것이 진행되는가? 그렇지 않다. 되레

고속도로를 달리기보다는 울퉁불퉁한 시골길을 달리는 느낌이 들곤 할 때가 많다. 힘들고 어려운 순간들이 많다는 것이다.

이삭은 약속의 자녀이다. 하나님께서 아브라함에게 약속하신 아들, 모리아 산에서 여호와 이레를 경험한 아들이 이삭이다. 하나님의 언약의 계승자로 아버지 아브라함의 믿음의 유산을 상속 받은 이삭이다. 이런 계보를 잇는 이삭은 모든 것이 만사형통했을까? 그렇지 않음을 그의 삶의 경험을 통해서 알 수 있다.

이삭에게도 흉년의 때가 있었다. 흉년의 때에 애굽으로 가고자 했다. 즉 세상적은 방법으로 문제를 해결하고자 씨름한다는 것이다. 그러나 흉년의 때일수록 지시하신 땅에 머물러야 한다.

"여호와께서 이삭에게 나타나 이르시되 애굽으로 내려가지 말고
내가 네게 지시하신 땅에 거주하라"

(창세기 26:2)

내가 힘들고 고통스러워도 지시하신 땅에 머물러야 한다. 오래 참음으로 그곳에서 버티면서 삶을 헤쳐 나가는 것이 필요하다. 우리는 조금만 힘이 들어도 회피하고 자신만의 도피성을 찾는다.

흉년이 길어지면서 많은 이들이 좌절하고 절망한다. 그리고 최선을 다하는 수고와 헌신과 노력을 점점 포기한다. 난 안된다는 사고 속에

갇혀서 그 속에서 헤어 나오지를 못한다. 나의 노력은 무의미한 것이고 최선을 다하는 것은 가치 없는 일이라고 느낀다.

이삭이 흉년의 때를 보내는 방법은 아버지 아브라함이 했던 씨름을 다시 하는 것이다. 그것은 하나님의 말씀을 붙잡고 순종하며 따라가는 삶이다. 언약을 기억하고 그 언약을 나에게 주신 약속의 말씀으로 붙잡고 인내함으로 순종하는 것이다.

> "이 땅에 거류하면 내가 너와 함께 있어 네게 복을 주고
> 내가 이 모든 땅을 너와 네 자손에게 주리라
> 내가 네 아버지 아브라함에게 맹세한 것을 이루어
> 네 자손을 하늘의 별과 같이 번성하게 하며 이 모든 땅을
> 네 자손에게 주리니 네 자손으로 말미암아 천하 만민이
> 복을 받으리라 이는 아브라함이 내 말을 순종하고
> 내 명령과 내 계명과 내 율례와 내 법도를 지켰음이라 하시니라"
>
> (창26:3-5)

언약은 갱신되고 재생된다. 아브라함과 세운 하나님의 언약은 이삭에게 오늘 우리에게 계승되고 있는 것이다.

이삭은 단지 지시하신 땅에 머물렀다. 그때 성경은 이와 같은 표현을 하고 있다.

"이삭이 그 땅에서 농사하여 그 해에 백 배나 얻었고

여호와께서 복을 주시므로 그 사람이 창대하고 왕성하여

마침내 거부가 되어"

(창세기 26:12-13)

많은 사람들은 백배나 얻고, 마침내 거부가 된 것에 열광한다. 그러나 핵심은 이것이다. "여호와께서 복을 주시므로" 여호와께서 함께 하신다는 것이 가장 중요하다. 이것이 없는 백배나 거부는 치명적인 독소로 되돌아 올 수 있다.

많은 기독교인들이 성공하고 출세하면 하나님께 영광이 된다고 생각했던 시대가 있었다. 고지론을 외치면서 오직 고지를 향해서 돌격했던 때가 있었다. 강단에서는 성공과 하나님께 영광 돌리는 것을 동일시 했다. 이러한 메시지에 오염된 많은 이들이 비전이라는 이름으로 고지에 올랐다. 그러나 그 과정에서 온갖 더러움과 어둠의 일이 행해졌다. 고지에 올라서도 하나님 보시기에 심히 악한 죄악들이 행해졌다. 그들이 행한 성추행과 같은 성적 범죄와 재정적 비리로 하나님의 이름이 모욕을 당했고 교회는 그 수치와 부끄러움을 고스란히 감당해야 했다. 그들의 악행으로 복음의 문은 점점 닫히고 말았다.

중요한 것은 과정이다. 결과로 모든 것을 해석하는 것은 어리석은 일이다.

이삭은 창대하고 왕성했지만 문제가 사라진 것은 아니다. 오히려 더 문제가 생겼다.

> "양과 소가 떼를 이루고 종이 심히 많으므로
> 블레셋 사람이 그를 시기하여 그 아버지 아브라함 때에
> 그 아버지의 종들이 판 모든 우물을 막고 흙으로 메웠더라"
>
> (창세기 26:14-15)

이삭이 생육하고 번성하면서 미움, 다툼, 시기, 질투도 번성하였다. 동시에 소유가 늘어가면서 이에 걸맞게 더 많은 샘이 필요하게 되었다. 그래서 샘을 찾던 중 아버지 아브라함이 팠었던 샘을 다시 파게 되었고 그곳에서 물이 나왔다. 그 샘은 아버지 아브라함 때 팠던 샘이기에 소유와 권리가 이삭에게 이어지는 것은 누구나 공감할 수 있는 것이다. 그러나 블레셋 사람들은 공감은 고사하고 시비를 걸어와서 계속 다투고 싸움이 지속되었다. 이런 과정 중 블레셋 사람들은 그 샘을 흙으로 메꾸어 사용할 수 없도록 했다. 속상하고 힘든 상황이었지만 이삭은 블레셋 사람들과 싸우는 것이 아니라 자신이 떠나는 것을 선택했다.

이삭은 포기하지 않고 새로운 샘을 파기 시작했다. 사막 지대가 많은 그 땅에서 샘은 생명의 원천이다. 샘이 있어야 생명체가 살 수 있는 생존에 대한 문제였다. 그래서 포기하지 않고 샘을 팠던 것이다.

비전의 사람은 문제를 보는 것이 아니라 대안을 생각하고 고민한다. 비전의 사람은 현실의 고통에 집중하는 것이 아니라 미래를 향한 하나님의 계획과 인도하심에 초점을 맞춘다. 비전의 사람이 현실에 안주하고 갇히는 순간부터 추락이 시작된다. 비전의 사람은 어느 상황에 처하던지 문제보다 크신 하나님의 은혜를 구한다. 비전의 사람은 현실의 문제 앞에서 하나님의 인도하심에 집중하면서 걸음을 옮긴다.

이삭은 포기하지 않고 새로운 도전과 시도를 멈추지 않았다. 문제는 블레셋 사람들도 포기하지 않고 공격했다는 것이다. 그들은 이삭의 대적이 되어서 이삭을 괴롭게 하였다. 틈만 생기면 이삭의 소유물을 공격하고 다투고 대적하였다.

창세기 26:19-21

19 이삭의 종들이 골짜기를 파서 샘 근원을 얻었더니

20 그랄 목자들이 이삭의 목자와 다투어 이르되 이 물은 우리의 것이라 하매 이삭이 그 다툼으로 말미암아 그 우물 이름을 에섹이라 하였으며

21 또 다른 우물을 팠더니 그들이 또 다투므로 그 이름을 싯나라 하였으며

지긋지긋한 장맛비처럼 그들은 쉬지 않고 다툼을 일으켰다. 얼마나

괴로워했는지 그 이름도 에섹과 싯나이다. 에섹은 다툼이란 뜻이고 싯나는 대적이라는 뜻이다. 이삭이 느낀 고통스러운 기억이 그 이름에 그대로 담긴 것이다.

비전의 사람에게 갈등과 고통이 없는 것이 아니다. 오히려 더 강력하다. 비전이 하나님으로부터 온 것이기에 악한 마귀의 공격도 강한 것이다. 비전을 가진 자에게는 그만큼 공격도 따라 온다는 것을 기억해야 한다. 비전의 사람은 비난과 비판의 자리에 있음을 기억하고 그것이 특별한 일이 아니라 당연한 일임을 기억해야 한다. 그렇기 때문에 자기 성찰을 통해 자신의 잘못된 점이 발견되면 고쳐야 한다. 하지만 내 잘못이 아님에도 비난과 공격이 이어진다면 하나님이 지시하신 그 자리에서 두려움 없이 새로운 우물을 파야 한다.

비전의 사람에게는 주님의 시간에 주의 뜻이 이뤄지리라는 믿음과 확신이 필요하다. 그래야 오래 참을 수 있다. 주님의 시간에 주님의 방법으로 주께서 친히 역사하실 것을 확신하면 인내함으로 계속 새로운 도전을 이어갈 수 있다.

개인적으로 흉년의 때가 있다.

나의 이야기를 통해 이때를 살펴보고자 한다.

나는 어린 시절 물질적으로 너무 어려웠다. 머리도 과히 좋은 편도 아니고 책과 담을 쌓은 지도 오래였다. 아버지께서 초등학교 6학년 때 갑자기 돌아가시면서 집안은 빚더미에 올랐고 중 2가 되었을 때부터 자립, 자치, 자생을 시도하였다. 그때부터 아르바이트가 시작되었는데 처음엔 신문배달이었다. 한 달을 열심히 일하고 월급을 받으면 왠지 뿌듯하고 나름의 성취감도 있었다. 스스로 벌어서 자신을 위해서 돈을 사용한다는 것이 좋아 보였다.

그러나 1년이 채 되지 않아 현실의 벽에 부딪혔다. 중학교 2학년 때 전교 4등이었던 성적이 3학년 때는 중3 전체 1,200명 중 400등에 가까운 성적이 된 것이다. 아르바이트를 하면서 성취감에 있었던 때라 그 현실은 상당히 충격적이었다. 당시 학교 수업이 끝나면 신문보급소로 달라가서 300가구에 신문을 돌리고 수금, 정리까지 마치고 돌아왔다. 집에 도착하면 대략 8-9시 정도가 되었는데, 너무 피곤하니 복습은 커녕 다음날 학교에 가서도 제대로 수업을 듣지 못했고 잠이 깨었을 때 들었던 수업의 내용만으로 시험을 치니 성적이 곤두박질 할 수밖에 없었던 것이다.

예정된 수순이었다. 재정이 넉넉했다면 일어나지 않았을 일이다. 어린 나이에 집안의 경제에 보탬이 되고자 했던 멋진 계획은 성적의 추락이라는 현실에 벽에 갇혀 비참하게 돌아왔다.

성적이 떨어지자 주변에서는 나에 대한 기대를 접었다. 선생님들과 친구들도 대하는 태도가 달라졌다. 인생에서 쓴 맛을 느껴보기 시작한 것이다. 하지만 그 이후에도 여러 가지 아르바이트를 했다. 경비, 청소, 책 판매원, 라인 작업, 화학약품의 독소 속에서 전자 제품 청소하기, 연구원, 박스공장, 달력공장, 의약품 배달보조, 벽지회사 창고지기, 방송장비 엔지니어, 사서, 전화 교환, 시다, 재단보조, 새 쫓는 올빼미 만드는 것 등… 힘들고 고된 시간의 연속이었다.

그러한 과정에서 나는 손재주가 없다는 것을 알았다. 손으로 하는 일은 내게 주신 은사가 아니었다. 나는 손이 느린 사람이라 누군가 나를 도와주어야 했고 그런 나로 인해 주변 사람들이 많이 고생하는 것을 보고야 그 길이 내 길이 아니라는 것을 알았다. 반면에 누군가를 격려하고 응원할 때 행복해지는 것을 경험하였다. 이러한 경험들이 목회 수업의 과정임을 그때는 알지 못하였다. 또 책을 쓰는 재료가 되리라고는 상상조차 못했었다.

감사한 것은 하나님께서 꿈을 주신 것이다. 대학교 1학년 때 엎드려 기도할 때 책 읽는 목사, 책 쓰는 목사가 되는 꿈을 주셨다. 조금 당황스러웠다. 현실은 그 꿈과 거리가 멀어도 너무 멀었다. 책을 읽는 것은 그냥 읽으면 되겠지만 책을 쓰는 것은 아무나 하는 것이 아니기 때문이다. 그리고 오랜 시간을 책을 보는 것과는 거리가 먼 삶을 살았기에 도무지 불가능해 보이는 꿈이었다.

그런데 기도의 자리로 나아가고 묵상의 자리로 나아갈수록 하나님께서 마음에 깊은 감동을 주셨다. 꿈이 점점 마음속으로 파고 들어오는 것이었다. 하나님께서 나에게 주신 꿈은 책을 통해서 청년과 성도를 깨우고 삶의 문제를 하나님의 말씀으로 해석하게 돕는 것이었다. 하지만 현실은 학비와 생활비를 벌기 위해 학업과 아르바이트를 병행하는 고된 일상의 연속이었고. 이런 상황에서 그런 꿈은 거리도 멀고 길이 보이지도 않았다. 그렇지만 나는 있는 자리에서 최선을 다해 주께 하듯 했다. 그렇게 시간은 흘렀다.

나는 누가 봐도 책 쓰는 것과는 거리가 멀어 보였다. 일단 책을 살 돈이 없었다. 그래서 선택한 것이 도서관이었고 도서관이 문 닫을 때까지 책을 읽었다. 좋은 문장을 만나면 노트에 기록으로 남겼다. 경비 아르바이트를 하는 2년 동안에는 경비실에서 책을 읽고 또 읽었.

빌린 책들이기 때문에 낙서나 메모를 할 수 없어서 독서노트를 만들게 되었다.

군 생활을 하면서도 오직 성경읽기와 독서에만 전념하였다. 공휴일, 쉬는 시간 등 틈 날 때마다 책을 읽었다. 휴가를 갔다가 돌아오는 길에 책을 사서 교회에 보관해두고서 계속 읽어 갔다. 복학을 하고 공부를 하면서 주제별로도 읽고 인물별로도 읽었다. 잠자는 시간도 아끼며 읽기도 했다. 그렇게 20대의 시간이 지나갔다.

30대가 되고 대학원 공부를 하면서 인터넷사이트에 카페를 만들었다. 그때부터는 모든 것들을 카페의 게시판에 기록하기 시작했다. 사람들의 시선엔 상관하지 않았다. 다만 내가 고민하고 씨름한 흔적들을 기록으로 남기기 시작했다. 사역을 하면서 사역 자료를 모았다. 설교를 할 때마다 설교한 준비과정이나 최종 원고는 나만 보기 기능으로 설정하여 나의 고민과 도전의 모든 과정을 빠짐없이 기록했다.

신학대학원을 졸업하고 사역을 하면서 새벽예배를 마치고 나면 사무실로 직행하였다. 그리고 새벽 예배 때 주신 영감과 통찰을 기록해가기 시작했다. 새벽 예배 후 드리는 기도는 인생의 광야에 내려주시는 일용할 영적 양식인 만나와 메추라기를 경험하는 시간이었다. 그 은혜의 감격과 감동이 식기 전에 사무실에서 컴퓨터를 켜고 기록을 하곤 하였다.

어느 사이에 40대가 되었다. 박사과정이라는 새로운 목표에 도전했다. 책을 읽고 글을 쓰는 작업은 쉽지 않았다. 그래도 정직하게 과제를 하면서 주어진 책을 읽었고 관심 분야에 해당하는 여러 책들을 사서 읽으면서 서평을 하고 소논문을 작성 하였다. 몇 년간의 길고 지루한 작업을 하면서 서서히 글쓰기가 훈련이 되었다. 박사 학위 과정에서 제출한 논문은 3차례나 불합격되었고 그때마다 적고 다시 적고 반복해서 글을 다듬는 훈련을 하였다. 잘 쓰지는 못하지만 그 자리에 버티면서 다듬는 과정을 통해 글쓰기라는 것이 시간과 고민의 과정이 필요한 작업임을 배웠다.

학위를 마칠 무렵 청년사역이 체력적으로 버거워서 교구사역을 하게 되었다. 그때는 청년사역자들과 청년들이 계속 상담을 하려 찾아오곤 하는 시기여서 고민하다가 인터넷에 청년사역연구소 페이지를 만들고 그들과 공유하고 공감하고 소통하는 작업을 하게 되었다. 청년들은 직장, 직업, 진로와 이성교제, 결혼에 대해서 고민과 생각이 많았다. 나는 인생의 중요한 시점에서 고민하는 그들에게 성경적인 가치와 의미를 해석해서 성경의 소리를 들려줄 필요를 느꼈다. 그렇게 시작한 작업이 '설래임' 시리즈이다. 말씀 '설', 올 '래', 임할 '임'. 말씀이 와서 임한다는 의미에서 시작한 시리즈를 기록하면서 청년들과 사역자들의 반응은 뜨거웠다.

그러던 어느 날 출판사에서 직접 찾아오셔서 식사를 하게 되었다. 같이 식사를 하던 직원 분들이 나의 글을 보고 책으로 내면 좋겠다는 생각을 했다고 얘기하는 것이다. 이렇게 진행된 대화는 순적하게 진행이 되어 〈설래임〉 시리즈로 출판하면 좋겠다고 확정했다. 나 자신의 오랜 기도 제목이었지만 그날은 잊지 못할 시간으로 적어도 나에게는 카이로스의 시간이었다. 길고도 험난한 시간의 노력들이 의미 없이 흘러가는 시간들이 아니었다. 모든 수고와 헌신들이 모이고 모여서 글쓰기의 재료가 되었다.

청년의 때, 아무것도 보이지 않는다. 선명하게 들리는 것도 없다. 그러나 분명한 것은 모든 것이 아무 의미가 없다고 포기하지 않아야 한다. 하나님이 주신 꿈은 하루아침에 갑자기 이루어지는 것이 아니기 때문이다. 꿈은 로또 복권이 아니라 농사에 가깝다. 열매가 맺어질 날이 있음을 기대하며 씨를 뿌려야 한다. 열매 맺는 것을 방해하는 잡초도

뽑아내고 추수할 때를 기대하며 물을 주고 가꾸어야 한다.

이삭은 블레셋 사람들의 계속되는 방해에도 샘을 파는 것을 멈추지 않았다. 그리고 어느 시점이 되자 더 이상 꿈의 대적자들이 시기하고 다투고 방해하지 못하는 수준에 이르게 된다.

"이삭이 거기서 옮겨 다른 우물을 팠더니

그들이 다투지 아니하였으므로 그 이름을 르호봇이라 하여 이르되

이제는 여호와께서 우리를 위하여 넓게 하셨으니

이 땅에서 우리가 번성하리로다 하였더라"

(창세기 26:22)

여호와께서 우리를 위하시는 흔적이 선명하다. 하나님의 선택받은 사람의 행복은 하나님께서 우리를 위하여 일하시는 것을 경험할 때이다.

르호봇은 이삭의 이야기만은 아닐 것이다. 우리들의 이야기여야 한다. 청년의 때 미래가 보이지 않아도 포기하지 말고 샘을 파야 한다.

14
욕망과 비전

우리는 오랫동안 성공을 비전으로 착각하면서 살아 왔다. 비전을 외치면서 그 내용을 살펴보면 비전이라고 이름을 붙인 성공을 향한 욕망일 때가 많다.

오랜 시간 교회는 성공의 광풍이 휩쓸고 지나갔다. 좋은 대학을 가야 하나님께 영광이 된다고 했다. 연봉을 많이 주는 좋은 회사에 취직이 되어야 하나님께 영광이 된다고 했다. 회사에서 초고속 승진을 하면서 승승장구해야 하나님께 영광이 된다고 했다.

그래서였을까? 교회 안에 패자를 위한 자리가 보이지 않았다. 대학을 들어가지 못한 청년들은 소외가 되고, 공부를 못하는 아이들은 의도치 않은 방식으로 배제가 되었다. 교회조차도 세상과의 차별성이 사라지기 시작했다.

교회에서조차 세상의 성공을 위한 메시지들로 강단은 채워졌다. 어떻게 하면 성공할 것인가에 몰두하며 성공한 사람들의 간증으로 가득 채웠다. 하지만 성공에 목마른 현대인을 위한 그들의 간증은 마시면 마실수록 목말랐다. 심지어는 마시면 마실수록 오아시스가 아닌 신기루처럼 손에 잡히지 않았다.

많은 청년들은 성공한 사람들의 간증을 들으면서 나도 저렇게 살아야지 하는 막연한 기대를 가졌다. 그들은 성공을 위해 기도하고 성공을 위해 달렸다. 책을 읽어도 적극적인 사고방식과 잘되는 나에 집중하였다.

강단은 번영신학에 기초한 메시지가 홍수를 이루었다. 하는 일마다 잘 되리라는 종류의 메시지에 수많은 이들은 아멘으로 화답 하였다.

문제는 시간이 흐르면서 강단에서 간증을 했었던 수많은 성공자들이 부정, 부패, 불의, 불법으로 그들의 성공을 이룬 것이 밝혀져 공개되기 시작한 것이다. 자신들의 좋은 부분만 드러냈었던 것인데 그 이면의 어둡고 비열한 실상들이 드러나고 파헤쳐졌다.

성공을 외친 설교자들 중 많은 사람이 재정비리 사건의 주범이었고, 고지론을 외치면서 성공을 합리화했던 목회자들 가운데 일부는 성적인 문제로 나락으로 떨어졌다. 모델이라고 생각하고 따랐던 수많은 지도자들이 어둠의 종노릇 한 일들이 드러나면서 헷갈리기 시작했다.

문제를 일으킨 사역자들이 전한 메시지를 듣고 은혜 받았다고 생각했는데 그것은 도대체 무엇이란 말인가?

청년들은 회의와 의심, 의문을 품은 상황에서 하나님의 말씀 안에서 답을 찾지 않고 자신들이 따랐던 아이돌 사역자들의 추락과 동시에 신앙을 버리거나 교회를 떠나 유리방황하기 시작했다.

뒤늦게야 알아 차렸다. 그들이 전한 복음은 하나님 나라의 복음이 아니라 맘몬신앙이었다. 이스라엘 백성들이 광야에서 황금 송아지를 만들고 그 앞에서 춤추고 노래하면서 그것을 예배라고 한 것처럼 설교라는 이름으로 강단을 오염 시켰고 예배라고 이름 아래 황금 송아지 숭배 의식에 머물고 있었던 것이다.

비전은 욕망, 욕심, 욕구가 아니다.

비전은 하나님께로부터 오는 것이다. 하나님의 말씀을 따라 가는 것이다. 비전은 세상의 고지를 점령하는 것이 아니라 하나님께서 부르신 곳에서 예배자로 살아가는 것이다. 비전은 스펙 좋은 것이 아니라 하나님을 알고 하나님을 사랑하고 사랑하기에 그 말씀에 순종함으로 하나님이 세우신 자리에 머무는 것이다.

비전의 사람은 고난의 인물일 수 있다. 그들은 고난 가운데 하나님을 원망하고 부인하며 떠나는 선택을 하지 않는다. 힘들고 어려운 상황 속에서도 하나님의 선하심을 믿고 의지하면서 끝까지 순종의 걸음을 한발자국씩 움직이는 사람이다.

비전의 사람은 고통으로부터 면죄부를 받은 인물이 아니다. 그들은 처절한 고통 속에서도 하나님의 인도하심을 따라 걸음을 옮기는 사람들이다. 이해할 수 없는 고통을 겪지만 하나님을 기대하며 기도하는 사람들이다. 고통의 문제 가운데 하나님으로부터 멀어지는 것이 아니라 더 가까이 나아가는 사람들이다. 그들은 주께 힘을 얻고 현실의 파도를 헤쳐 나가는 사람들이다.

성경에서 인간을 가장 많이 닮은 인물은 야곱이다. 야곱을 들여다보고 있으면 자화상이 보인다.

야곱은 태어날 때부터 형에게 지기를 싫어해서 형의 발을 붙잡고 세상에 나왔다. 세상과의 만남을 시기와 경쟁으로 시작한 것이다.

야곱은 형 에서와 비교하여 여러 부분에서 부족함이 많았다. 남성다움이 부족하고, 들짐승들을 두려움 없이 사냥을 하는 용기와 용맹함도 없었다. 그는 어머니의 말에 따라 자신의 이익을 챙기면서 자신이 전면에 나서지 않았다. 그래서 탓하고 핑계하며 살았다.

야곱은 에서로부터 장자권을 가로 챘다. 형 에서의 연약함을 적절히 이용하여서 아버지의 축복권도 가로챘다. 속이는 자의 기질이 작동한 것이다. 어찌 하든지 이기는 자가 되기를 원했던 야곱이기에 수단과 방법을 가리지 않고 자신에게 필요한 것이라면 가로채었던 것이다.

그렇다면 야곱이 진정한 비전의 사람으로 빚어진 전환점은 어디부터일까?

홀로 하나님과 대면하면서부터이다.

야곱은 우순선위와 중요순위에 따라서 자신의 삶을 정리한다.

"그 예물은 그에 앞서 보내고 그는 무리 가운데서 밤을 지내다가"

(창세기 32:21)

소유를 먼저 보낸다. 자신의 삶을 바쳐서 모은 재산목록이지만 결정적인 순간에 도움이 되지 못한다. 그래서 소유를 정리하여 먼저 보낸다. 그 이후에 아내와 자녀를 보낸다.

"밤에 일어나 두 아내와 두 여종과 열한 아들을 인도하여

얍복 나루를 건널새"

(창세기 32:22)

야곱에게 최후까지 붙든 가족도 떠나보내야 하는 순간이 오자 어쩔 수 없이 떠나보내게 된다.

이제 야곱은 혼자 남았다.

"야곱은 홀로 남았더니 어떤 사람이 날이 새도록 야곱과 씨름하다가"

(창세기 32:24)

역설적이게도 야곱은 홀로 남게 되자 비로소 하나님과의 깊은 씨름을 시작한다. 내 생각, 내 뜻, 내 계획, 내 비전이 무너진 지점에서 진정한 하나님과의 만남을 시작하게 된 것이다.

비전은 내가 무너지는 그 자리에서 비로소 세워지기 시작한다. 내 욕망이 죽는 순간, 하나님께서 친히 시작하신다. 비전은 내가 마음대로 좌지우지 하는 것이 아니라 하나님이 친히 이끄시고 빚어 가시는 삶이다. 비전은 인간의 일이 아니라 하나님의 일이다.

비전의 사람에게는 양보할 수 없는 한 가지가 있는데, 그것은 하나님의 임재다. 하나님의 축복, 그리고 은혜.

> "그가 이르되 날이 새려하니 나로 가게 하라 야곱이 이르되
> 당신이 내게 축복하지 아니하면 가게 하지 아니하겠나이다"
> (창세기 32:26)

야곱이 더 많은 아내나 자녀, 더 많은 소유를 구한 것이 아니다. 야곱이 구한 것은 하나님의 임재 가운데 주어지는 축복이다. 우리는 어떠한가? 비전을 추구할 때 정말 이토록 간절하게 하나님의 얼굴을 구하는가?

많은 사람들이 비전을 구하지만 하나님의 얼굴은 구하지 않는다. 그래서 어느 순간에 비전은 욕망, 욕심, 욕구의 배설물로 바뀌어 버린다.

하나님의 축복이 없는 비전은 비전이 아니다. 하나님의 인도하심, 빛으심, 이끄심이 없는 비전이라면 그것은 이름만 비전이고 실상은 자기 욕망을 채우는 것이다.

결국 비전의 사람이 되려면 기도의 자리로 나아가야 한다.

청년의 때, 비전의 사람과 거리가 멀었다. 준비된 사람도 아니었다. 그저 미래가 막막하고 답답했다. 불안과 두려움이 수시로 찾아 왔다. 아마도 야곱의 심정과 크게 다르지 않았을 것이다.

"야곱이 심히 두렵고 답답하여 자기와 함께 한 동행자와

양과 소와 낙타를 두 떼로 나누고 이르되

에서가 와서 한 떼를 치면 남은 한 떼는 피하리라 하고"

(창세기 32:7-8)

야곱은 인간적인 욕구, 욕망, 욕심을 추구 하였다. 재산도 늘고, 처자식, 소유도 점점 늘어갔지만 늘 두려움과 답답함이 끊이지 않았고 실존에 대한 불안은 사라지지 않았다. 그는 불안을 넘어 서려고 끊임없이 욕망을 탐했다. 욕망의 산과 골짜기를 수없이 오르내리며 많은 것을 성취하였다. 하지만 성취감이나 늘어가는 소유가 그에게 평안을 주지 않았다. 우리도 마찬가지다. 많은 성취가 평안을 주지 않는다. 왜냐하면 비전을 통해 성취한 것이 아니기 때문이다.

성공을 했다고 하는 많은 사람들이 다 평안을 누리는 것은 아니다. 성공을 하면 할수록 더 많은 것을 지키고자 몸부림친다. 더 염려하고 근심에 사로잡혀 가진 것을 잃을까봐 두려워한다.

야곱은 홀로 남았을 때 자기 자신의 내면을 마주하고 영혼의 헐벗음을 직면하게 되었다. 그가 욕망을 추구하는 사이에 아버지를 잃었다. 성공하기 위해서 아버지를 속이는 순간부터 신뢰가 깨어졌다. 자신의 목적달성을 위해 형을 이용하게 되면서 형마저 잃었다. 형의 연약함을 이용하여 장자권도 차지했고 아버지로부터 받는 축복권도 어머니의 도움을 받아서 가로챘지만 그 결과는 가족을 잃고 도망쳐야 하는 도망자의 삶이었다. 야곱의 욕망의 추구는 가족의 깨어짐을 가져왔다. 그는 자신의 욕망을 추구하는데 힘을 보태었던 어머니와 아버지, 형 사이에서 서로서로의 편을 갈라놓았다. 이것은 현대인의 고통이기도 하다.

성경에 나오는 이 사건은 욕망의 성취가 비전이 아님을 명확하게 확인시킨 것이라 할 수 있다. 오히려 욕망을 추구하면 할수록 관계의 깨어짐을 가져온다. 상처를 가져오고 누군가는 그 상처로 인해 신음하게 된다. 그렇기 때문에 욕망이 비전이 될 수 없다는 말이다.

숱한 사람들이 성취를 통해 성공을 했다고 하지만 그 뒤에는 늘 그늘이 자리한다. 자녀의 마음을 놓치고 부부관계는 상실한다. 부모와 자녀 사이에 상한 마음이 존재한다.

야곱은 자신의 존재를 건 씨름에서 하나님의 은혜에 끝까지 매달린다. 그 결과 하나님의 긍휼을 덧입는다.

"그가 이르되 네 이름을 다시는 야곱이라 부를 것이 아니요

이스라엘이라 부를 것이니 이는 네가 하나님과 및

사람들과 겨루어 이겼음이니라"

(창세기 32:28)

이름이 바뀐다는 것은 존재가 바뀐다는 의미이다. 육적인 인간 야곱이 하나님의 뜻과 계획을 존중하며 순종하게 되는 전환점이 바로 이 지점이다. 야곱은 이스라엘로 이름이 바뀌었다. 존재가 바뀐 것이다.

야곱은 그때 깨달았다. 자신이 하나님의 임재 가운데 있었음을 알게 되었다. 자신이 하나님의 은혜를 덧입은 것을 깨닫고 하나님께 자신의 존재를 올려 드리게 된다.

'그러므로 야곱이 그 곳 이름을 브니엘이라 하였으니

그가 이르기를 내가 하나님과 대면하여 보았으나

내 생명이 보전되었다 함이더라"

(창세기 32:30)

브니엘은 하나님의 얼굴이라는 뜻이다. 인간은 하나님의 얼굴을 대

면할 수 없다. 브니엘에서의 경험은 하나님께서 야곱에게 주신 은혜와 긍휼을 보여주는 것이다.

비전은 하나님께서 사람을 찾아오심에서 시작된다.

그러나 사람들은 여전히 자기 스스로 비전을 정하고는 그것을 이루기 위해서 치열하게 노력한다. 그 과정에서 자기 한계를 경험하게 된다. 이때 한계를 넘어서지 못하게 하는 여러 벽들에 마주하면서 실망하고 절망의 늪에 빠져 허우적거린다. 여러 도전을 하고 포기하지 않고 도전에 도전을 거듭하지만 계속해서 실수하고 실패도 한다.

그때 정작 필요한 것은 하나님 앞에 머무는 것이다. 홀로 하나님 앞에서 자기 존재를 건 씨름을 해야 한다. 나는 누구이고 어디로 가고 있는지 내가 선 지점을 확인하고 가야할 방향 표지판을 보아야 한다. 속도보다 중요한 것은 방향이다.

야곱을 비전의 사람으로 빚어 간 것은 그의 성공이 아니었다. 야곱이 홀로 남아서 하나님과 씨름한 것이 야곱을 욕망의 사람에서 비전의 사람으로 바꾼 것이다. 브니엘은 야곱의 야망이 죽은 지점이다. 하나님의 얼굴을 경험하면서 인생의 방향성이 자기중심성에서 하나님 중심성으로 바뀌게 되었다. 그때부터 그는 자신에게 하나님의 뜻을 더 의지하고 하나님의 뜻을 따라서 살아가기 시작 하였다.

어쩌면 욕심에 찌든 시대를 살아가는 우리에게도 정말 필요한 것은 브니엘의 경험일 것이다.

15
고난과 비전

하나님의 사람들에게 고난은 어떤 의미일까? 비전의 사람은 고난이 없어야 정상인가? 현대를 살아가는 우리에게 현실은 솔직히 힘겹다. 그래서 더욱 고난의 의미를 해석하는 힘이 필요하다.

구약에서 고난의 인물을 찾으면 대부분 가장 먼저 떠오르는 사람은 요셉이다. 요셉이야말로 고난을 통해서 하나님께서 어떻게 비전의 사람을 빚어 가시는지를 알 수 있는 최고의 인물이다. 그는 비전의 사람 대표 주자로 어디서나 불린다.

고난은 사람을 힘겹게 한다. 고난은 사람을 무너지게 하고 지치게 한다. 반복되는 고난은 용기를 잃게 한다. 고난이 연속되면 될수록 비전은 사라지고 더 현실에 집착하게 되며 우리의 시야를 좁게 만들기까지 한다. 결국 자기 자신에게 집착하게 만든다.

자기 자신에게 집착하는 순간부터 인간은 누구나 부패하고 타락하기 시작한다. 기억해야 할 것은 사람은 가장 좋은 때 혹은 가장 나쁠 때 부패하고 타락하기 가장 쉬운 순간이라는 사실이다. 좋은 때에는 교만해지기 쉽고, 나쁠 땐 죄의 유혹에 약해진다.

하지만 꿈꾸는 자는 고난 중에 겸손히 하나님을 의지하고 의뢰하고 의탁한다. 비전이 선명할수록 죄와 악에 대한 저항력도 강하고 현실의 장벽을 넘어서는 생명력도 강하다.

고난 중에도 부패하고 타락하지 않으려면 하나님이 주신 꿈이 중심부에 자리하고 있어야 한다. 내가 힘들어도 해야 할 일이 있는 사람은 쉽게 타협하거나 죄악에 무너지지 않는다. 내가 가야할 목적지가 있는 사람은 쉽게 옆길로 빠지거나 유리방황하지 않는다. 그래서 하나님으로부터 온 꿈이 중요하다.

요셉이 연속적으로 이어지는 고난 속에서 잘 버틸 수 있었던 것은 꿈을 보여주시고 자신과 하나님이 함께 동행하고 있다는 확신이 있었기 때문이었을 것이다. 요셉은 현실이 고단한 삶의 연속이었지만 하나님과 교제하는 사귐을 통해 늘 새롭게 힘을 얻었다. 고난을 넘어서는 사귐은 하나님의 손이 함께하는 은혜로 이어진다.

노예의 신분으로, 감옥에 갇힌 죄수의 신분으로 살면서도 요셉이 끝까지 부패하고 타락하지 않았다는 것은 놀라운 일이다. 어떻게 그것이 가능했을까?

그것은 아마도 요셉이 꿈꾸는 자였기 때문일 것이다. 요셉의 형들은 그의 이름을 부르지 않고 자주 "꿈꾸는 자"라고 불렀다. 비전의 사람은 어느 시대든지 "꿈꾸는 자"이다. 그들은 하나님이 주신 꿈을 꾸는 자들이다.

비전의 사람은 어디서든지 세상을 품고, 세상을 섬기며, 세상을 변화 시키는 창조적인 꿈을 꾸는 사람들이다. 세상이 아름답게 변화되는 꿈을 꾸며, 성경의 정신으로 세상에 헌신하며 꿈을 이루어가는 사람이 비전의 사람이다. 바로 이런 비전의 사람들이 세상의 문제를 발견하고 대안을 고민하며 창조적인 미래를 열어간다.

그런 의미에서 그리스도인은 이렇게 말할 수 있다. "나는 꿈꾸는 자다."

그렇다면 꿈꾸는 자의 삶은 어떠한가?

비전의 사람들은 시작도 과정도 결과도 하나님께 의지하고, 하나님께 의뢰하며, 하나님께 의탁한다. 비전의 사람들에게는 오직 하나님이 인생의 주인이 되시기 때문이다. 비전의 사람들은 기도하고 말씀을 묵상 하는 가운데 그 삶을 여호와께 맡긴다. 그들은 하나님의 말씀을 신뢰한다.

"너의 행사를 여호와께 맡기라

그리하면 네가 경영하는 것이 이루어지리라"

(잠언 16:3)

우리는 하나님이 주신 꿈을 꾸면 만사형통을 원하지만 실제 신앙과 삶의 현실은 우리의 기대와는 많이 다르다. 우리는 그때마다 혼란스러워하고 혼돈에 빠진다. "하나님이 나를 사랑하신다고 하는데 왜 이렇게 삶은 힘들지?" 이렇게 회의에 빠지기도 한다.

비전의 사람들은 모든 일이 만사형통일 것이라고 우리들 대부분이 그렇게 생각한다. 이것은 거짓 메시지이다. 성경을 자세히 읽어보면 비전의 사람이라고 고난과 고통에서 면죄되지 않는다는 것을 누구나 알 수 있다. 고난을 저주로 해석하고 부의 복음을 전하는 거짓 교사들에 의해서 우리는 자신도 모르게 고난을 무조건 저주로 받아들이는 것에 익숙해졌다.

이제는 진실을 직면해야 한다. 진리의 말씀 앞에서 우리는 고난에 대한 바른 이해를 할 필요가 있다. 어떤 의미에서 하나님이 주신 비전이 있는 인생일수록 더 다양한 모습의 공격을 받는다. 하나님이 주신 비전을 말할수록 마귀의 표적이 되곤 한다. 따라서 하나님이 주신 비전을 추구하는 인생은 사탄의 주요 공격 대상이자 비전을 방해하는 사람들의 비난과 비판에 대상이 된다.

요셉도 크게 다르지 않았다.

> "요셉이 꿈을 꾸고 자기 형들에게 고하매
> 그들이 그를 더욱 미워하였더라"
>
> (창세기 37:5)

요셉이 하나님이 주신 꿈을 꾸고 꿈을 말하는 순간 미움이 심해진다. 꿈이 다 환영받고 존중받는 것은 아니다. 오히려 비웃음을 당하거나 조롱거리가 되기가 쉽다. 그렇기 때문에 꿈꾸는 자들이 어떻게 반응하는지가 중요하다. 하나님이 주신 꿈에는 이에 맞서 방해자 혹은 대적자가 있는 것을 당연하게 받아들이고 인정해야 한다. 그래야 꿈꾸기를 결코 멈추지 않는다. 요셉은 멈추지 않고 하나님이 자신에게 주신 꿈을 외쳤다. "나의 꾼 꿈을 들으시오"(창37:6).

꿈꾸는 자는 계속 꿈을 외쳐야 한다. 꿈을 외친다고해서 상황이 금방 달라지는 것이 아니다. 더 힘들어 질수 있다. 더 깊은 웅덩이와 수렁에 빠질 수 있다. 요셉이 꿈을 외치고 나서 일어난 일은 무엇인가? "그의 꿈과 그의 말로 말미암아 그를 더욱 미워하더니"(창37:8절 후반절) 불행하게도 더욱 미워했다고 성경은 증거하고 있다. 이것이 현실이다. 성경은 분명히 꿈을 말하자 더욱 존중하고 존경했다고 표현하지 않는다. 그것보다 더욱 미워했다고 선명하게 기록하고 있다. 그것에서 그치지 않는다. "그의 형들은 시기하되"(창37: 11 전반절) 성경은 요셉의 형제들이 꿈을 존중한 것이 아니라 시기했다고 기록하고 있다. 꿈을 외치고 다닌 비전의 사람 요셉이 경험한 일은 미움, 다툼, 시기, 질투였다.

비전의 사람들은 고난이 파도처럼 계속 몰려 올 때가 있음을 인지해야 한다. 단지 미움과 시기에서 끝나지 않고 현실적인 행동으로 공격이 올 수 있다. 하나님의 사람의 비전이 이루어지는 것을 어떻게든 막아야 하기 때문이다.

요셉이 꿈을 말하고 난 이후에 일어나는 가장 심각한 일은 무엇인가?

"요셉이 그들에게 가까이 오기 전에

그들이 요셉을 멀리서 보고 죽이기를 꾀하여"

(창세기 37:18)

요셉이 꿈을 계속 말하자 형제들에게 집단 따돌림을 당한다. 형제들은 요셉의 꿈이 불편했던 것이다. 그들은 요셉의 꿈을 아주 싫어하였다. 심지어 죽이기를 꾀하였다고 성경은 기록하고 있다.

혹시 꿈을 꾸고 꿈을 시도하면서 힘이 든다고 느끼는가? 꿈을 포기하고 싶을 정도로 외롭고 괴로운 마음이 들 때가 있는가? 그것은 어쩌면 당연한 일이다.

혹시 꿈을 꾸고 도전하지만 순탄하지 않고 계속 어려움의 연속인가? 어쩌면 당연한 일이다.

그때마다 중요한 것은 우리의 정체성을 붙잡아야 한다는 것이다. 내가 누구인지를 알아야 한다.

비전의 사람 요셉을 보자. 요셉의 정체성은 무엇이었는가? 형제들의 대화 속에서 요셉의 정체성이 보인다. "서로 이르되 꿈꾸는 자가 오는도다"(창37:19). 하나님이 주신 요셉의 정체성은 꿈꾸는 자였다. 하나님이 주신 꿈을 마음에 간직한 인생이 비전의 사람이다.

꿈꾸는 자는 현실을 도피하거나 문제를 회피하지 않는다. 오히려 현실을 직시한다. 계속해서 마주치게 되는 장애물로 인해 고난을 경험하며 고통을 느끼지만, 포기하지 않고 계속 달려간다.

그러면 꿈꾸는 자 요셉에게 어떤 장애물이 있었는가? 요셉에게 나타난 장애물을 통해서 비전의 사람들에게 나타나는 장애물을 확인하고 그것을 어떻게 넘어 서는가를 살펴보자.

첫째, 비전의 사람에게 나타나는 장애물은 구별됨을 제거하려고 하는 것이다.

"요셉이 형들에게 이르매 그의 형들이
요셉의 옷 곧 그가 입은 채색옷을 벗기고"

(창37:23)

여기서 "채색옷을 벗기고" 이것은 단순한 옷을 벗기는 것이 행위가 아닌, 자존심을 벗기고 자부심을 벗기는 것이다. 특히 아버지가 허락한 구별됨을 제거하는 것이다. 그리스도인은 어떤 경우에도 하나님 아버지께서 우리에게 입혀주신 구별됨의 옷을 입어야 한다. 그러나 꿈의 방해자는 구별됨을 어찌하든지 벗기려 한다.

성경은 비전의 사람들에게 구별됨의 옷을 입으라고 권한다.

"오직 주 예수 그리스도로 옷 입고 정욕을 위하여

육신의 일을 도모하지 말라"

(로마서 13:14)

비전의 사람들은 오직 예수 그리스도로 옷 입어야 한다. 욕망과 정욕의 옷을 벗고 그리스도로 무장해야 한다. 세상은 정욕의 옷을 입고 거짓과 음란, 미혹과 야망이 판을 치기 때문이다.

"그러므로 너희는 하나님이 택하사 거룩하고 사랑 받는 자처럼

긍휼과 자비와 겸손과 온유와 오래 참음을 옷 입고"

(골로새서 3:12)

비전의 사람들은 하나님의 성품의 옷을 입어야 한다. 예수 그리스도

와 같은 옷을 입어야 한다.

둘째, 비전의 사람들에게 나타나는 장애물은 꿈으로부터 격리시키려고 하는 것이다.

> "그를 잡아 구덩이에 던지니 그 구덩이는 빈 것이라
> 그 속에 물이 없었더라"
>
> (창세기 37:24)

구덩이는 꿈을 죽이는 장소이다. 구덩이에 빠져서 많은 이들이 꿈의 좌절을 경험하게 된다. 비전의 사람들이라도 좌절 앞에서는 낙심하고 낙담한다. 구덩이는 사방이 막혀 있는 곳이다. 구덩이는 꿈으로부터 분리를 경험하는 곳이다. 요셉을 빠뜨린 구덩이는 요셉 말고는 아무 것도 없는 빈 곳이었다. 생존을 위한 음식도 물도 없는 빈 구덩이 즉, 꿈과 단절을 경험하게 되는 장소이다.

우리도 때로는 우리 상황이 그와 같이 빈 구덩이처럼 느껴질 때가 있다. 그때 어떻게 하는가? 바로 그때 위를 바라보아야 한다. 구덩이에서 유일하게 뚫린 곳은 위이다. 사면이 막혀 있고 아래도 차가운 바닥이다. 오직 위만 뚫려 있다. 우리는 구덩이에 빠졌다고 생각 될 때마다 하나님을 바라보아야 한다. 위를 바라보면 도움이 임한다.

"나를 기가 막힐 웅덩이와 수렁에서 끌어올리시고

내 발을 반석 위에 두사 내 걸음을 견고하게 하셨도다"

(시편 40:2)

하나님께서는 우리를 기가 막힐 웅덩이와 수렁에서 끌어올려 주시는 분이다. 그러므로 우리는 이렇게 기도해야 한다.

"주를 찾는 자는 다 주 안에서 즐거워하고 기뻐하게 하시며

주의 구원을 사랑하는 자는 항상 말하기를

여호와는 위대하시다 하게 하소서

나는 가난하고 궁핍하오나 주께서는 나를 생각하시오니

주는 나의 도움이시요 나를 건지시는 이시라

나의 하나님이여 지체하지 마소서"

(시40:16-17)

비전의 사람을 생각해 주시는 분이 있다. 우리의 주가 되시는 하나님이다. 위를 바라보고 부르짖어야 한다. 도우시고 건지시는 하나님을 경험하게 될 것이다.

셋째, 비전의 사람에게 나타나는 장애물은 꿈을 포기하게 하려는 것이다.

> "그 때에 미디안 사람 상인들이 지나가고 있는지라 형들이 요셉을
> 구덩이에서 끌어올리고 은 이십에 그를 이스마엘 사람들에게 팔매
> 그 상인들이 요셉을 데리고 애굽으로 갔더라"
>
> (창세기 37:28)

    꿈꾸는 자 요셉은 미디안 상인 이스마엘 사람에게 팔려간다. 노예 매매상에게 은 20에 팔렸는데 노예에게는 인격이 존재하지 않았다. 노예는 동물이나 물건처럼 소유로 취급당하고 수치와 멸시를 당하였다. 요셉이 당한 고난은 너무 고통스러운 것이다. 자신의 형제들이 자신을 왕따 시키고 어느 날은 자신을 인신매매로 팔아넘겼다. 비전의 사람 요셉은 아버지로부터 분리되어 애굽으로 팔려가게 되었다. 꿈이 죽은 것처럼 보인다. 이것이야말로 꿈을 완전히 자포자기하게 만들려는 사단의 공격이다. 이때 이런 의심과 회의가 찾아온다. "하나님은 도대체 어디에 계시는가? 하나님 왜 저를 외면하십니까?"

    그러나 비전의 사람들이 이와 같은 장애물을 만나게 되거든 이렇게 확신할 수 있어야 한다.

> "우리가 알거니와 하나님을 사랑하는 자 곧 그의 뜻대로 부르심을
> 입은 자들에게는 모든 것이 합력하여 선을 이루느니라"
>
> (로마서 8:28)

하나님은 반드시 모든 일을 합력하여 선을 이루신다. 하나님은 다 듣고 계시고 다 보고 계시고 다 알고 계신다.

비전의 사람들은 어떤 상황에서도 하나님이 함께 하심을 확신한다.

로마서 8:35-39

35 누가 우리를 그리스도의 사랑에서 끊으리요 환난이나 곤고나 박해나 기근이나 적신이나 위험이나 칼이랴

36 기록된 바 우리가 종일 주를 위하여 죽임을 당하게 되며 도살 당할 양 같이 여김을 받았나이다 함과 같으니라

37 그러나 이 모든 일에 우리를 사랑하시는 이로 말미암아 우리가 넉넉히 이기느니라

38 내가 확신하노니 사망이나 생명이나 천사들이나 권세자들이나 현재 일이나 장래 일이나 능력이나

39 높음이나 깊음이나 다른 어떤 피조물이라도 우리를 우리 주 그리스도 예수 안에 있는 하나님의 사랑에서 끊을 수 없으리라

하나님의 사랑이 고난, 고통, 고독 가운데 함께 한다는 것은 큰 위로이다. 어떤 상황에서도 하나님께서 나와 함께 하신다는 확신은 모든 것을 견디게 하고 모든 것을 이기게 한다.

비전의 사람이라면 믿음의 주요 온전케 하시는 이인 예수를 바라본

다. 예수님은 3년이나 같이 동고동락하며 아낌없는 사랑을 쏟았던 제자 중 가룟유다에게 단돈 은 30에 팔렸다. 하지만 십자가를 경험하고 부활로 나아가 승리하셨다. 우리도 마찬가지다. 우리도 승리할 것이다.

세상이 우리의 채색옷을 벗겨도 하나님을 이전보다 더욱 사랑하는 마음은 벗길 수 없다. 하나님의 자녀로서의 구별됨을 제거할 수 없다. 꿈의 방해자들이 우리를 구덩이에 빠뜨려도 하나님이 이끌어 다시 나오게 하실 것이다.

사람의 관점에서 바라본다면 고난과 고통, 고독일 수밖에 없지만 하나님의 관점에서는 전혀 달라진다. 비전의 사람 요셉이 노예로 팔려 가고 상황은 어렵고 꿈이 죽은 것 같지만 이런 일련의 일들은 오히려 꿈으로 한 발자국 더 가까이 나아가는 빚어 가심의 과정에 불과하다. 상상하기 힘든 고통들이 연속적으로 몰려오지만 그 어떤 것도 하나님의 사랑에서 끊을 수 없다. 오히려 하나님의 사랑 안에서 연약함이 벗겨지고 선하심과 아름다우신 하나님의 계획이 이루어져 가는 과정에 있는 것이다.

비전의 사람들은 기억해야 한다. 고통과 고난을 넘어서게 하는 것은 하나님 한분이시고 그 분이 주신 비전이다. 하나님이 주신 비전은 현실의 고통을 견디고 이기게 한다. 하나님이 주신 꿈은 현재의 고난을 해석하는 힘이 있다.

그래서 비전의 사람은 언제 어디서 무엇을 하든지 기도하고 또 기도한다. 비전의 사람은 상황과 환경을 탓하지 않는다. 불평불만과 낙심에 빠져 자포자기하지 않는다. 비전의 사람은 상황이 어려울수록 능력 주시는 자 앞에 머물며 기도의 자리에서 치열하게 씨름한다. 하나님 앞에서 씨름하고 나 자신과 씨름하고 환경을 넘어서려는 씨름을 치열하게 한다. 왜냐하면 내 힘과 결심은 약하여 넘어지기 쉽기 때문에 주의 은혜를 더욱 힘 있게 의지해야하기 때문이다. 나의 힘과 능력이 아니라 하나님의 지혜와 명철을 간절히 구하는 것이다.

하나님이 주신 비전이 있는 사람을 고난, 고통, 고독과의 씨름에서 하나님을 의지하고, 하나님께 의뢰하고, 하나님께 의탁한다. 그래서 그 분께서 내 인생을 빚어 가시도록 운전대를 맡기는 것이다. 이것은 절대 게으름이 아니다.

하나님이 주신 비전이 있는 사람은 내가 하는 모든 것에 최선을 다한다. 동시에 모든 결정권을 하나님께 맡기고 나아간다. 우리가 성장하는 때는 바로 그때이다.

우리 시대는 정말 어렵다. 그럼에도 불구하고 그리스도인은 비전을 추구해야 한다. 단순히 나의 야망이 아니라 하나님으로부터 주어진 세상을 품고, 섬기며, 세상을 변화 시키는, 하늘의 꿈을 땅에 이루는 축복의 통로가 되려는 비전을 받아야 한다. 어떤 의미에서 본다면 상황은 예나 지금이나 별반 다르지 않다. 마귀는 우리를 삼키려고 입 벌리고 달려올 것이다. 그럼에도 불구하고 비전의 사람으로 산다는 것은 행복이다. 하나님으로부터 온 비전이 미래를 열 것이기 때문이다. 너무 힘든 상황에서 드려지는 우리의 기도가 미래를 열 것이다. 하나님은 어느 시대나 비전의 사람들을 통해서 일하시기 때문이다.

그러므로 다시 꿈꾸라. 다시 일어나라. 다시 도전하라. 다시 시작하라. 하나님께서 비전의 사람을 도와주신다. 하나님께서 비전의 사람을 깊은 웅덩이와 수렁에서 끌어내어 주신다. 하나님께서 비전의 사람을 반석위에 세우신다. 비전을 따라 가다가 장애물을 만나거든 주를 의지 하고 교만하지 않아야 한다. 힘든 상황일수록 거짓에 치우치지 않아야 한다. 그러면 반드시 주님이 도와주신다. 주의 크신 권능으로 비전의 사람들을 사랑하여 주실 것이다. 다시 꿈꾸자. 하나님이 주신 꿈을 꾸고 꿈을 이루어 가는 비전의 사람으로 살자. 그래서 세상이 여러분을 보고 이렇게 말하기를 기대한다.

"꿈꾸는 자가 오는도다"

(창세기 37:19)

16
시험과 비전

비전의 사람은 수없이 반복되는 끝이 없는 시험을 치르게 된다. 한 단계를 통과하면 어느 순간 다음 단계가 이어진다. 이 시험은 비전의 사람에게 3가지가 뒤섞여서 나타난다. 시련, 유혹, 테스트가 그것이다.

시련은 오래 참아야 한다. 인내함으로 나아가면 내 속에 불순물이 빠지고 상처가 빠진다. 내 인생의 여러 어둠의 찌꺼기들이 빠져 나간다. 용광로의 온도가 높을수록 불순물은 그 수준만큼 빠져 나간다.

유혹은 무조건 가지치기해야 한다. 무조건 그 자리를 떠나야 하며 묵상하거나 붙들고 있으면 안 된다. 버리고 도망쳐야 한다. 유혹의 자리에 계속 머물면 그 유혹은 비전을 죽이고 인생을 죽인다.

테스트는 통과해야 한다. 테스트는 나쁜 것이 아니다. 성장과 성숙의 단계이다. 테스트가 있으면 하나님 앞에 순종을 지속해야 한다. 시작과 과정과 최종까지 순종을 철저히 이어가면 선한 결과가 이어진다.

시련, 유혹, 테스트가 삶에 드러나고 그것을 통과할 때마다 하나님의 선하신 뜻이 나타나는 경우가 성경의 요셉이다.

요셉의 꿈은 한 순간 이루어진 것이 아니다. 고난과 고통 속에서 연단을 거쳐서 이루어진 것이다. 요셉은 꿈의 고속도로가 아닌 비포장도로를 달려야 했다. 꿈이 있었지만 사실 아무것도 보이지 않았다. 생과 사의 고개를 넘나들었다. 그의 꿈은 형제들로부터 상황과 환경으로부터 조롱당하고 견제당하고 비웃음을 당하였다. 형제들의 시기와 질투 속에 공격을 당하였다.

우리는 요셉을 기억하면 애굽의 국무총리의 화려한 모습만을 기억하곤 하는데 하나님께서 성경 지면을 활용해서 우리에게 보여 주시는 요셉의 모습은 총리의 자리가 아니다. 하나님께서는 그를 통하여 보여 주시는 대부분의 현장은 시련, 유혹, 테스트의 현장이다.

첫째 비전의 사람이 경험하는 시험은 시련이다. 요셉의 경우에 시련의 현장은 요셉이 구덩이에 빠졌다가 다시 노예로 팔리는 순간이다. 고통 그 자체였으나 요셉은 오래 참음으로 걸음을 디딘다.

"여호와께서 요셉과 함께 하시므로 그가 형통한 자가 되어 그 주인이

여호와께서 그와 함께 하심을 보며 또 여호와께서 그의 범사에

형통케하심을 보았더라"

(창세기 39:2-3)

우리는 노예라는 상황에 얽매이지 않는 요셉을 발견한다. 하나님과 함께 하는 요셉을 발견한다. 이것이 비전의 사람의 특징이다. 어떤 시련이 와도 환난과 고난 속에도 하나님께 시선을 두고 오래 참음으로 자신이 세워진 자리에서 최선을 다하는 것이다.

둘째, 비전의 사람이 경험하는 시험은 유혹이다. 유혹의 순간은 대부분의 경우에 소유와 쾌락에서 온다. 요셉도 예외는 아니었다. 성경은 요셉이 혼자 있을 때의 일을 묘사한다. 요셉의 은밀한 내면을 생생하게 보여준다. 먼저 배경이 나온다. 애굽의 화려함에 취하고 물질에 취하고 권력에 취한 한 여인의 방탕함이 노골적으로 요셉을 향한다. 보디발의 아내는 육체의 정욕을 참지 못하고 어린 요셉을 유혹하기 시작한다.

"그 후에 그 주인의 처가 요셉에게 눈짓하다가 동침하기를 청하나"

(창세기 39:7절)

하나님은 시대적 흐름을 즐기고 유행을 타고 있는 이 여성과 하나님 앞에서 절대적인 기준과 가치를 따라서 살아가는 요셉을 대조하여 보

여 주신다. "요셉이 거절하여"(창39:8) 요셉은 유혹을 거절한다. 이것은 생명을 건 투쟁에 가깝다. 생사여탈권이 있는 여성에게 자신의 신앙 양심을 속이지 않고 정직하게 투명하게 거절의사를 밝힌다. 그 이면에는 무엇이 있는가?

"내가 어찌 이 큰 악을 행하여 하나님께 득죄하리이까"

(창세기 39:9)

이것이 유혹을 넘어서는 방법이다. 당시 요셉은 노예의 신분으로 주인인 보디발의 아내에게 그녀의 방탕함을 드러내고 있다. "당신은 하나님 앞에 참 악한 일을 하려는 것입니다." 그리고 자신의 신앙을 당당하게 전면에 내세운다. "저의 기준은 세상이 아닙니다. 세상이 다 간음을 죄가 아니라고 할지라도 하나님이 죄라면 죄입니다. 저는 하나님 앞에 죄를 지을 수 없습니다. 저는 죄가 정말 싫습니다. 죄 짓는 것이 저는 싫습니다."

요셉은 자신의 기준은 시대 풍조가 아니라 하나님 그분 자신이었다. 요셉에게는 사람의 시선보다 더 우선적으로 집중한 것은 하나님의 시선이었다. 하나님 보시기에 죄라면 그것은 유혹이다. 그것을 가지치기를 하고서 속히 도망쳐야 한다.

문제는 죄는 우리를 포기하지 않는다는 것이다. 마귀는 우리를 절대 포기하지 않는다.

> "여인이 날마다 요셉에게 청하였으나 요셉이 듣지 아니하여 동침하지 아니할뿐더러 함께 있지도 아니하니라 요셉이 그의 일을 하러 그 집에 들어갔더니 그 집 사람들은 하나도 거기에 없었더라"
>
> (창세기 39:10-11)

유혹은 날마다 우리를 붙잡는다. 그 유혹 앞에 무너지면 비전도 무너진다. 그 유혹을 가지치기 하면 더욱 더 하나님의 비전의 사람으로 빚어져 간다.

비전의 사람들에게는 "하나님 앞에서" 살아가려는 치열한 신전의식이 있다. 그것이 영적 안전장치다. 신전의식이라는 안전장치가 죄악의 덫에 걸리지 않도록 비전의 사람들을 붙잡아 준다.

그러나 죄는 결코 포기할 줄 모르기 때문에 지치지 않고 유혹한다. 오늘 우리 시대는 이런 생각이 유혹으로 이끈다. "아무도 보는 이 없으니까 괜찮아!", "남들도 다 죄 짓고 사는데 뭐 어때???" 이것은 죄에 대한 민감성을 약화 시키는 것이다. 죄에 대한 경계심을 허무는 것이다. 마귀는 이렇게 속삭인다. "아무도 몰라. 한 사람도 없으니 완벽한 환경이잖아. 죄 지어도 아무 문제될 것 없어."

죄는 항상 합리화 하게 한다. 그리고 결정적인 순간에 직접적으로 유혹한다.

> "나와 동침하자"
>
> (창세기 39:12)

　이것이 우리가 일상에서 듣는 유혹이다. 그때 요셉은 즉시 유혹의 장소를 빠져 나왔다. 도망친 것이다.

　비전의 사람으로서 순결을 지키고 거룩의 씨름을 한다고 누가 인정하거나 알아주는 것이 아닐 수 있다. 오히려 요셉처럼 억울한 누명을 뒤집어쓰고 더 고통 받을 수 있다. 우리가 처하는 현실은 감옥인 경우가 많다.

　셋째, 비전의 사람이 경험하는 시험은 테스트이다. 요셉의 경우는 노예와 감옥 생활이 테스트일 것이다. 이것은 시련과 함께 섞여 있다. 보디발의 아내는 자신을 희롱하고 동침하려고 성폭행을 시도하려고 했다고 속이면서 요셉을 강간 미수범으로 고발한 것이다. 이것이 사실과 다르고 요셉은 선으로 악을 이겼지만 오히려 성폭행 미수범으로 감옥에 갇히고 말았다.

　보디발은 요셉에게 고마워해야 마땅한데 아내의 체면과 자신의 명성 때문에 요셉을 감옥에 넣은 것이다.

　중요한 것은 그곳에 '왕의 감옥'이라는 것이다.

> "요셉의 주인이 그를 잡아 옥에 가두니
> 그 옥은 왕의 죄수를 가두는 곳이었더라"
>
> (창39:20)

여기에서 감옥만 보면 답답하고 힘든 곳이다. 그런데 성경은 그 옥의 특징을 이렇게 말하고 있다. "그 옥은 왕의 죄수를 가두는 곳이었더라" 왕의 죄수를 가두는 그곳이 바로 요셉 인생의 역전을 만든 곳이다. 왜냐하면 왕의 죄수를 가두는 감옥이야말로 요셉에게는 국내의 대안적인 정치와 국제 정세를 배우고 수준 높은 정치를 배우는 훈련학교였기 때문이다. 그곳에서 요셉의 인생은 퍼즐처럼 맞춰지기 시작한다. 감옥에서 세월을 허비한 것이 아니라 미래를 준비한 것이다. 노예의 시기나 감옥의 시간은 허송세월이 아니라 오히려 준비과정이었다.

창39:21, 23절을 보시면 하나님의 빚어 가심이 확실해진다. 하나님의 테스트를 통과하면 하나님의 계획이 드러난다. 모든 고난을 통과하여 하나님의 뜻을 깨달은 요셉은 두려움과 불안 속에서 잔뜩 움츠린 형제들에게 말한다.

> "두려워하지 마소서 내가 하나님을 대신 하리이까"
>
> (창세기 50:19)

시련, 유혹, 테스트의 시험을 모두 통과한 요셉은 그 과정에서 하나님을 깊이 만나 동행하였고 하나님의 비전이 요셉을 통하여 이루어졌다. 그래서 요셉은 고백한다.

"당신들은 나를 해하려 하였으나 하나님은 그것을 선으로 바꾸사

오늘과 같이 많은 백성의 생명을 구원하게 하시려 하셨나니"

(창세기 50:20)

하나님이 주권자시다. 어떤 경우에도 하나님이 우리 인생의 주인이 되신다. 비전의 사람에게는 이 고백이 선명하다.

비전은 고난, 고통, 고독을 먹고 자란다. 비전은 시련, 유혹, 테스트를 통과하면서 더욱 견고해지고 선명해진다. 삶의 어려움의 문제를 부정적으로 보지 말고 훈련과정으로 이해할 필요가 있다.

하나님은 반드시 하나님의 때에 하나님의 방법으로 하나님의 계획을 이루어 가시는 분이시다.

17
피 흘리기와 비전

비전은 여러 개가 연결되어 있는 계단과 같다고 할 수 있다. 예전에 다니던 시골교회에는 44개의 계단이 있었는데, 그 계단을 오르내릴 때 어르신들은 중간 중간에 쉬어 가시며 오르시곤 하였다. 젊은 사람도 쉽지만은 않은 길고 가파른 계단이었다.

비전을 이루는 것도 이런 오르기 힘든 계단을 올라가는 것과 같다. 한걸음 씩 다음 스테이지로 발을 옮기는 것이다. 땀을 흘리며 계단을 오르는 것처럼 비전도 다음 스테이지로 옮길 때마다 힘이 들고 땀이 난다. 때론 피도 흘리게 된다.

페이스북에서 어떤 영상을 보았다. 한 남자가 스케이트보드로 계단 위에서 아래로 점프하는 장면이었다. 꽤 긴 시간동안 계속 시도하고 실패하는 장면이 반복되는 영상이었다. 그 남자는 머리를 부딪치고, 팔이 땅에 꺾이고, 온 몸에 타박상을 입으면서 2년 동안이나 점프에 성공하려고 시도하고, 또 시도하였다. 그 사람도 대단하지만 실패에 실패를 거듭하는 그 사람 옆에서 촬영하는 사람이 더 대단해 보였다.

우리가 비전을 이루어가는 과정은 2년 정도가 아니라 그 이상이 될 수도 있다. 그 과정 중에 넘어지며 다치기도 한다. 그럴 때 비전의 사람 곁에는 함께 해줄 사람이 필요하다. 점프를 시도하던 그 사람 옆에서 계속 촬영해주고 더 잘 점프하도록 격려와 응원을 해주면 힘이나는 것처럼 비전을 이루어가는 사람 주변에도 그런 사람이 있어야 한다.

만일, 우리 곁에 아무런 의미 없이 살아가는 사람이 있다면 정말 비전을 소유하고 있는지 살펴보고, 비전을 찾아 가도록 도와주어야 한다. 어떻게 살지 조언해주고, 격려해 주어야 한다. 비전이 무엇인지 물어만 봐줘도 삶의 의미와 방향성을 찾을 수 있다. 앞으로 어떻게 살아야 할지 알게 된다면 좀 더 열정적으로 열심히 살아 갈 수 있을 것이다.

그러나 무엇보다도 우리는 인생을 향한 주님의 눈물을 깨닫고, 십자기를 지시는 예수님의 사랑을 알 때 비전의 사람이 된다.

2017년 시진이가 중학생이었을 때 처음 만났다. 그 당시 시진이는 알아주는 일진으로 수많은 아이들을 거느리고 다녔다. 학교 선배들도 머리 숙여 인사하는 그런 아이였던 시진이는 수련회 때 예수님을 영접하고, 삶이 완전 바뀌었다. 새벽 4시까지 공부를 하였고, 주일에는 잠시 자고 나와 아침 8시 중고등부 성가대에 섰다. 오전에 학생부 예배를 드리고, 오후에는 오후예배 찬양팀에서 드럼을 쳤다. 자신의 신장도 안 좋았으면서 자신을 위해 기도하기보다는 오히려 다른 아픈 사람들을 위해 기도하곤 하였다. 결국 수술을 하게 된 시진이의 병문안을 가게 되었다. 시진이는 수술을 받고 고통 중에 있었는데 수술을 받으면서 예수님의 십자가의 고통을 떠올리게 되었다. 그러면서 대못이 박힌 예수님의 고통을 조금이나마 경험할 수 있게 되어 감사하다는 고백을 하는 시진이를 만날 수 있었다.

예수님을 모를 때는 싸우며 남에게 피까지 흘리게 한 시진이었다. 하지만 예수님을 믿은 뒤에는 코피가 나도록 공부하고, 열심히 사는 사람이 되었다.

비전의 사람은 다른 사람이 보지 못하는 것을 본다. 다른 사람에게 없는 심령의 불이 있기 때문에 피를 흘리는 것도 마다하지 않는다.

좀 더 정확히 말하면, 비전의 사람은 피 흘리기 위해 뛰는 자가 아니라 비전을 이루기 위해 달려가다가 보니 피를 흘리게 되는 사람이다.

자신의 분야에서 피를 흘려가며 심혈을 기울여 노력할 때, 그 비전들이 이루어진다. 아무것도 안하고 가만히 있다면 비전을 이룰 수 있겠는가? 어떤 영향력을 줄 수 있겠는가? 세상에서 하나님의 영광을 보일 수 있겠는가?

다시 묻는다. "여러분의 비전은 무엇입니까?", "무엇을 위해 사십니까?", "피 흘리면서까지 전심을 다해 살아가는 삶의 목적이 있습니까?"

계산적이지 않은 자가 이루는 비전

비전의 사람은 계산적이면 안 되지만 계획적이어야 한다. 인간적인 계산기를 두들겨서 자신의 유익을 위해 행동하는 자는 비전의 사람이 아니다. 비전의 사람은 손해를 감수해서라도 비전을 이루어가는 사람이다.

종교개혁자 칼빈은 23세에 〈세네카의 관용론〉이라는 책을 저술하였다. 라틴어와 헬라어 문헌을 참조하여 글을 써서 그 당시 주석을 썼다. 당시는 책값이 매우 비쌀 때였는데 100권이나 인쇄를 하였다. 그러나 안타깝게도 그 책은 잘 팔리지 않았고 칼빈은 빚더미에 앉게 되었다.

그렇다면 칼빈은 참담한 빚더미와 패배 때문에 책 쓰는 일을 그만뒀을까? 아니다! 칼빈은 27세에 〈기독교 강요〉라는 책을 다시 찍어냈다. 마이너스 재정에서도 다시 책을 출간하였고 감사하게도 두 번째 책은 판매가 잘 되었다. 그리고 재판, 3판을 찍으면서 우리도 잘 아는 3권짜리 〈기독교 강요〉가 세상에 나오게 되었다. 지금도 칼빈의 기독교 강요는 기독교 핵심 진리를 잘 전수하고 있고, 신자들에게 큰 영향을 주고 있다.

칼빈이 그렇게 빚더미에 앉아 있었는데도 불구하고 책을 쓴 이유는 계산하지 않았기 때문이다. 오히려, 또 실패를 할지라도 기독교 변증을 써야겠다고 다짐하며 책을 계획하고, 준비했다.

그런 칼빈을 통해 프랑스와 스위스로부터 시작된 종교개혁이 유럽 전역으로 퍼져 나갔다. 마이너스에 주저앉지 않고 포기하지 않았던 사람, 그 한 사람의 비전을 통해 종교개혁이 시작되었다.

2017년에 첫 책을 출간한 뒤 다시 책을 펴내는 것에 고민이 있었지만, 칼빈의 이야기를 접하고 용기를 내었다. 그래서 청년들을 대상으로 한 설교집을 출간하게 되었고, 이때 어떤 계산도 하지 않았다. 돈을 벌거나 유명세를 얻을 생각은 꿈에도 하지 못했다. 다만, 이 시대에 한 사람의 청년이라도 메시지를 읽고, 도전을 받고, 변화가 일어나길 바라는 마음으로 썼다. 그 책이 〈청년아 깨어나라〉이다.

비전은 대가를 바라지 않는다. 주님이 보여 주신 것을 이루고자 하는 불붙는 심정으로 소명에 반응하는 것이다. 그러면, 어느새 사명을 위해 자신을 불꽃처럼 태우게 된다. 그것이 예배이다.

고 옥한흠 목사님은 살아생전에 정말 열심히 한 사람 한사람을 제자 삼으려고 하셨다. 마지막 노년에는 병에 걸려 고통을 겪으시다가 천국에 가셨지만 목사님이 다시 젊었을 때로 돌아가신다 해도 똑같이 헌신적으로 사역하셨을 것이다.

조국교회에 부흥의 불길을 놓은 선배 목사님들은 다 자신을 불태우면서 하나님의 양떼를 돌보고, 목회를 하셨다. 계산하지 않았다! 그러나 21세기 많은 교역자들은 상당히 계산적이다. 예를 들어, 사명보다 자기 가정을 더 돌보고, 자신의 앞날을 더 많이 생각한다.

젊은이 사역은 몸이 피곤하다. 그런데, 즐겁다. 금방 열매를 볼 수 있기 때문이다. 초신자가 새벽예배를 나오고, 급성장하는 것도 볼 수 있다. 어제도 초신자 한 명이 새벽예배에 나와 예배드리고 목사님 피곤할 것 같다며 음료수를 건네주고 갔다.

예전에 전도사로 사역하면서 주일학교를 섬길 때는 금방 열매가 안 보였다. 잘 했는지 확신이 서지 않았다. 그러나 유학 중에 잠시 한국에 들어와 그때 가르쳤던 제자들을 만났는데 잘 가르쳐주셔서 감사하다는 고백을 들었다. 그 때 알게 되었다. 주일학교 사역은 당장 열매를 보는 것이 아니라 5년, 10년 뒤에 거두는 사역임을 깨달았다.

다니엘이라는 인물이 있었다. 바벨론 포로기에 활동한 다니엘은 요시야 왕이 종교개혁을 한 뒤에 얻은 열매였다. 요시야 왕이 종교개혁을 했을 때 성경은 종교개혁에 대한 열매를 언급하지 않는다. 그런데 다니엘이라는 사람이 갑자기 성경에 등장해서 그 당시의 총명한 사람으로 떠오른다.

그 다니엘이 요시야 왕 아래서 성장한 소년이었다. 다니엘은 나중에 하나님께서 쓰시는 귀한 인물이 되었다. 비전의 열매는 때로는 시간이 걸린다. 단시간에 열매를 맺지 못하기도 하기 때문에 비전이라는 나무를 키울 때, 외롭기도 하고, 힘도 든다. 그러나 열매를 바로 얻으려는 마음은 성급하고 계산적인 생각이다. 그런 마음도 내려놓아야만 한다.

요즘 젊은이들이 취직을 할 때 제일 먼저 연봉급여, 복지후생을 따진다! 내가 회사를 위해 뭘 할까 보다는 먼저 회사가 나에게 얼마나 해줄지를 따진다. 심지어, 교역자 중에서도 사례비를 먼저 따지는 경우가 많다. 교회에서 무엇을 해줄지 부터 따진다. 그러나 비전의 사람은 어떤 것을 얻을지를 계산하는 자가 아니라 내가 어떤 것을 내놓을 수 있을지를 고민하는 자이다.

하버드 대학, 예일대학은 세계적으로 유명한 대학이다. 그런데 이 둘의 공통점이 무엇인지 아는가? 두 대학 모두 목사님들이 인재 양성을 위해 세운 대학들이라는 사실이다. 우리가 이미 익히 알고 있는 영국과 미국의 유명한 대학들은 대부분 오래 전에 기독교재단에서 만든 학교들이다. 많은 희생과 헌신으로 학교를 세워 다음세대에 열매를 보려고 학교를 세웠다. 영리가 목적이 아니었다. 그런데 지금은 세계에서 수많은 사람들이 주목하고 있는 대학이 되었다.

하버드 대학이 위대해서 하버드로 존재하게 된 것이 아니다. 이익보다는 뚜렷한 비전과 목적으로 세워졌기 때문이다.

청년들에게 이렇게 조언한 적이 있다. "학교와 회사가 나에게 어떤 유익을 주는가를 따지지 말고, 내가 졸업한 학교, 내가 세운 회사가 나로 인해 유익을 얻게 하라!" 세상은 어떤 학교를 가야 유리한지를 따진다. 어떤 회사에 가야 나에게 이익인지 계산한다. 교회를 정할 때도 그렇다. 이 교회는 이래서 안 되고, 저 교회는 저래서 안 된다. 그렇지만 비전의 사람은 그런 것을 따지지 않는다. 광야와 사막에 있을지라도 그 땅을 개간하여 사람들이 쉴 수 있고, 살아나는 곳으로 만들어야 한다.

여러분이 어떤 존재가 되어 학교에 가고, 회사에 가느냐가 중요하다. 내가 받을 것보다는 줄 수 있는 것을 생각하자!

똑같은 재료로도 평범한 사람이 만들면 그릇이 되고, 장인이 만들면 도자기가 된다. 그냥 먹고살기 위해 만든 그릇은 3,000원에, 5,000원에 팔리지만, 장인이 영혼을 담아 만든 도자기는 후에 보물이 되고, 국보도 된다.

평범한 그릇을 만들 것인가? 국보를 만들 것인가?

계산할 것인가? 계획할 것인가?

개싸움과 비전

비전만 가지고 공상만 한다면 비전은 이뤄지지 않는다. 비전을 가지고 있다면 이를 위해 많은 노력과 시도를 해보고 시행착오와 실패도 겪어야 한다. 자신의 연약함을 깨닫고, 보완할 부분을 발견해 실력을 쌓아야한다.

김미경이라는 유명 강사가 이런 말을 했다. 새벽 4시에 일어나 새벽기도는 아니지만 '어떻게 강의하고, 어떻게 자신의 꿈을 펼쳐갈지 묵상을 하고, 고민을 했다'고 하였다.

"누가 불러주면 돈을 받지 않고서라도 달려가 강의를 했어요. 30대와 40대는 경험을 많이 쌓는 것이 중요하기에 강의만 할 수 있다면 거리를 따지지 않고, 사람이 얼마나 모였는지 상관없이 다녔어요." 결국 나중에 김미경씨는 TV에도 자주 나오는 스타강사가 되었다.

전도사 사역을 마치고, 한때 학원 강사로 일한 적이 있었다. 돈을 벌기 위해서가 아니었다. 유학 나가기 전 1년 동안 사람들 앞에서 강의를 해보고 경험을 쌓고 싶었다. 워낙 가르치는 것을 좋아하여 무료로 신학교에서 영어강의를 했고, 신학교 다니면서 과외도 10명 이상 하였다. 가르치는 것을 좋아하여 교회와 학교가 아닌 학원에서 가르치기도 했다.

학생이 1,500명에 선생님이 50명이나 되는 대형학원에서 하루 4번의 강의를 하고, 개인 과외까지 했다. 그때 학생들을 만나고 가르치는 일을 열심히 하다 보니 실전적 경험이 쌓이고 설교와 Next 세대 Ministry 강의에도 큰 도움이 되었다.

비전을 품고 비전의 계단을 꾸준히 잘 오르기 위해서는 무엇을 해야 할까? 다양한 경험들과 그것을 바탕으로 한 노하우이다. 많은 경험으로 인해 장애물에 부딪혀 좌절도 겪고 실패해보는 것도 때로는 유익이 된다. 이런 일들을 겪으면서 우리는 비전의 계단을 더 잘 오를 수 있고 다른 사람을 이끌어 줄 줄 알게 된다.

그런데 비전을 가진 사람들 중에는 치열한 싸움을 하지 않고, 우아하게 비전을 이루려고 하는 사람들이 있다. 아포슬 청년부의 몇몇 지체들이 새벽예배 후에 영어공부를 시작했는데 시작한지 얼마 되지 않아 바로 힘들어하기 시작했다. 그래서 중도포기 하려는 청년들에게 이렇게 말했다. "영어를 배우려면 한 1,000번은 좌절을 하고, 낙망하게 된다." 그런 과정을 통과해야만 한 가지 언어를 배울 수 있다. 언어 하나만 배우고 익히는데도 1,000번은 우울, 포기, 열등감, 좌절감을 경험한다. 그런데 우리는 그러한 처절한 고난의 과정은 원하지 않는다.

청년들을 만날 때 새벽에 만나자고 해서 새벽예배가 끝나고 만난다. 점심과 저녁은 당연히 청년들과 시간을 잡고, 오후 3시-5시에는 전화심방을 한다. 그렇게 청년들과 교제하고 상담을 하면서 자연스럽게 그들의 고민과 기도제목을 알게 되었다. 그들의 실제적인 삶을 알아가면서 말씀을 전하게 되니 설교가 피상적이지 않고 그들에게 좀 더 다가가는 설교를 하게 되었다.

첫 책 〈아포슬〉에 실린 수많은 간증들은 그냥 꾸며낸 것이 아니다. 그들과 같이 커피를 마시면서 대화하다 보면 소설에나 나올 법한 이야기들을 듣게 된다. 지면상으로는 일부만 나누었지만 더 많은 상담사례들과 간증들이 있다.

이런 실제적 만남을 통해서 '청년들이 이런 생각을 하는구나. 어떤 대답을 해주면 또 다른 질문들이 생기는구나. 여기에 대한 정확한 데이터를 줘야겠다. 이런 일에는 좋은 예가 되는 사람들의 사례를 말해 주면 좋겠구나' 라고 생각하게 되었다.

요즘 젊은이들은 귀가 유독 얇다. 이들은 비판에 쉽게 휘둘리고, 좌절하고, 그러다 자신의 비전, 달란트, 재능, 그리고 섬김의 기회까지 내려놓으려 한다. 최근 들어, 계속 외치는 문장이 하나 있는데 "개는 짖어도 기차는 간다!"이다. 다른 사람이나 환경에 너무 휘둘리지 말고 때로는 주위에서 뭐라 말하든 자신의 갈 길, 비전의 길을 가야 할 필요가 있다.

비전의 길을 간다고 하지만, 사람들은 누군가 시비를 걸어오면 쉽게 좌절하고 포기한다. 투견은 싸움이 시작되고 난 후에는 주인이 놓으라고 할 때까지 절대 문 것을 놓지 않는다.

이처럼 우리도 주인이신 주님이 말씀하실 때까지 비전을 놓지 말아야 한다. 나에게 주어진 일, 내가 돌 볼 사람, 내가 이루어야 할 일을 절대 포기해서는 안 된다. 주위의 안 된다는 말에 물은 것은 놓아서는 안 된다.

다른 사람의 시선, 말, 의견, 생각에 너무 쉽게 흔들려 자신에게 주신 소명의 길과 인생에서 이루어야 할 사명의 걸음을 멈추어서는 안 된다.

9년 전 처음 대구동신교회를 섬길 때 있었던 일이다. 영어 예배부를 시작하면서, 처음으로 제주도에 비전트립을 계획하였다. 그런데 그때까지 교회에서 2만 원 이상 회비를 받아본 적이 없다고 하였다. 그런 교회에서 일인당 회비 45만 원이 드는 제주도 영어영성캠프 준비를 하였다. 담임 목사님도 아무도 등록하지 않을 수 있다고 걱정하셨고 다른 교역자들과 교인들도 2만원도 많다고 하는 교회에서 그건 불가능하다고 하셨다. 그러나 그 해 외국어 교사 2명을 포함해 28명이 비전트립을 갔다 왔다. 그리고 그 다음해엔 14명이 3백 5십만 원 회비를 내고 캐나다 밴쿠버로 비전트립을 갔다.

　　맞다. 불가능할 수 있다. 그러나 해보지도 않고 포기할 수는 없다. 아포슬 청년부를 섬기면서 하나님께서 믿기지 않는 비전을 주셨다. 3백 명의 새벽 기도자를 세우고, 7천명의 온전한 예배자를 세우라는 것이었다. '저녁에 3백 명을 모으는 것도 힘든데, 이건 아니겠지!'했었다. 그러다 하루는 새벽기도 때 기도하는데 하나님께서 감동을 주셨다. 그래서 청년들에게 비전을 선포하고, 계속 기도하였다. 그 후로 4년이 지난 지금, 핸드폰 카톡창에 새벽을 깨우겠다고 헌신한 지체들 335명이라는 숫자가 떠 있다.

　　교회 근처에 사는 지체들은 교회로 오고, 먼 곳에 사는 지체는 근처 교회에서 새벽을 깨운다. 수도권에 있는 지체는 아포슬 설교를 듣고, 기도를 한다. 외국에 있는 지체는 아포슬에서 올리는 새벽설교를 듣는다.

토요일 밤 늦게 귀가하는데 뒤에서 두 사람이 "목사님!" 하면서 달려왔다. 얼굴을 잘 모르는 지체들이었다. 아포슬에 온지 얼마 안 되는 지체들이었다. 힘겨운 일이 있었는데 교회 앞에서 잠시 이야기를 나누는 목사님을 보고 쫓아왔다는 것이었다. 잠시 이야기를 나누었는데 아포슬 홈페이지에 올리는 새벽설교를 빼 놓지 않고, 잘 듣고 있다고 하였다.

여러분은 누구의 말, 시선, 생각에 초점을 맞추며 살아가고 있는가?

군대에 있을 때, 믿음 생활 때문에 핍박을 받았다. 자대 배치를 받고, 첫 주일 교회를 다녀왔더니 부대가 난리가 났다. 졸병이 일요일에 교회를 다녀왔다는 것이었다. 매도 맞고, 얼차려도 받았다. 나 혼자 받은 게 아니라, 고참들도 다 같이 벌을 받았다. 군대에서는 술을 마시지 않는 것, 담배를 피우지 않는 것도 핍박의 대상이 된다. 그렇지만 한 모금도 마시지 않았다. 교회를 가도록 도와 준 소위분마저도 내게 술을 권하고 술자리가 있을 때마다 권유가 있었지만 마시지 않았다. 그럴 때마다 생각한 것은 내가 영원히 여기 있는 것이 아니라는 사실이다. 시간이 되면 제대할 때가 올 것이고 곧 나도 고참이 될 것을 알았기에 그때까지 참기로 하였다. 드디어 고참이 되었을 때 군대 후임들을 데리고 교회를 갔다. 오는 길에는 매점에 들러서 맛난 간식도 사주었다.

그 당시에 공군에서 30개월 군복무를 했다. 그 시간 동안 머릿속에는 30개월 이후의 삶에 더 많은 관심이 있었다. 비전의 사람은 현재 나를 핍박하는 사람이나 환경이 아니라 나중에 자신이 섬길 사람과 섬길 때 필요한 것이 무엇인지에 더 관심을 둔다.

    지금 주변 사람들의 잣대로 평가되는 나의 모습이 아니라 마지막 날 우리를 바라보시면서 격려해 주시고, 칭찬해 주실 주님을 바라보는 비전의 사람이 되어야 한다.

18
단계적 비전

그런데 여기서 잊지 말아야 할 중요한 것이 있다. 비전은 어느 시점에서 바뀔 수 있다는 것이다. 부르심을 받은 자가 자신에게 주어진 사명을 감당하는 과정 중에 비전이 달라지기도 한다. 우리는 주님이 보여 주시는 방향으로 가면서 비전을 가지고 그것을 단계적으로 이루어 간다. 그런데 때로는 가던 중에 어떤 단계에서 바뀌기도 한다. 혹은 어느 스테이지에 좀 더 머무를 수도 있다. 내가 생각하기에는 다른 계단처럼 그냥 금방 지나칠 것 같은 지점인데 시간이 걸리기도 한다.

지금 나누는 이 말이 이해가 안 될 수 있다. 특히, 신학생들에게 어려운 말일 수 있다. 신학교에 가면 제일 많이 묻는 것이 있다. "비전이

뭡니까? 왜 신학교에 왔나요?"라는 질문이다. 어떤 여학생이 이렇게 대답하였다. "저의 비전은 중국이에요." 그러면서 동시에 "제가 중국이라는 나라를 가지 않는다면 하나님을 도저히 이해할 수 없을 거예요."

이것이 과연 올바른 비전의 사람의 태도일까? 비전이라는 것은 바뀔 수 있다. 복음전파라는 사명을 위해 바뀔 수 있다.

하나님께서 그 여학생에게 처음에는 중국어를 배우게 하시지만 중국이 아니라 대만으로 보내실 수도 있다. 다문화 도시인 벤쿠버로 보낼 수도 있다. 지금 중국에 계신 선교사님들은 상당수 추방을 당하거나 비자 발급을 거부당해 나오고 있는 상황이다.

그 분들의 비전은 중국 땅에서만 사역하는 것일까? 그렇다면 그 땅에 들어 갈 수 없으니 비전을 포기하고, 선교를 중단해야 할까? 복음전파도 더 이상 하지 않고 내려놓아야 하는가? 그렇지 않다.

중국어를 잘 준비해 놓으면 어디에서든지 중국 사람들을 섬길 수 있다. 중국어를 배우고자 하는 사람도 섬길 수 있다. 오히려 미국에 가서 그곳에 있는 중국인들을 섬길 수도 있다. 영어도 할 수 있는 중국인들을 섬기면서 더 귀한 인재를 양성할 수 있다.

어느 순간 자신이 만든 틀 속에 비전을 가두어서는 안 된다. 주님은 우리가 생각하는 것보다 더 귀하게 우리를 사용하실 수 있다. 비전을 가지고 준비를 하되 어떤 나라, 어떤 사람, 어떤 지역을 국한 시켜서는 안 된다.

비전이라는 것은 단계적인 것이고, 변경되기도 한다. 우리에게 주신 소명과 사명은 바뀌지 않는다. 그러나 비전은 소명을 받은 뒤 사명을 이루는 과정 중에서 단계별로 주신다. 소명을 받은 뒤 단계별 비전을 갖는다.

하나님께서 이방인을 향해 바울을 부르셨다. 그런데 바울은 유대인을 향한 마음으로 아시아로 가기를 원했다. 그러나 주님은 바울의 생각과 달리 마케도니아로 가게 하셨다. 바울의 선교를 향한 부르심은 바뀌지 않았지만, 그 사명을 이루기 위해 먼저, 유럽으로 가도록 환상을 보여 주셨고, 그쪽으로 이끌어 주셨다.

사도바울은 1차, 2차, 3차, 4차 전도여행을 갔다. 단번에 모든 곳을 다 간 것이 아니라, 단계별로 여러 차례 나누어 선교의 사명을 감당하셨다. 각 전도여행 때 그곳에 필요한 곳을 방문하게 하셨다. 교회를 개척하였고, 주위 사람들을 일으켰다. 단계별로 계속해서 부르심에 합당하게 선교의 사명을 다 하였다.

비전을 세울 때 주님께 물어야 한다. "하나님! 이것이 내 비전입니까? 이것이 하나님의 비전입니까?" 일단, 자신의 욕망을 위한 꿈을 추구하는 것인지 아니면 정말 하나님의 영광을 위해서 취해야 할 비전인지 체크해야 한다.

그런데 우리의 문제는 꿈과 비전의 차이를 정확히 구별하지 못한다는 것이고 더 큰 문제는 자신의 비전이 무엇인지 찾아보지도 않고, 인생을 살아가는 것이다. 비전을 찾은 사람도 비전을 이루기 위한 단계에 이르면 막상 선택과 결단을 잘 하지 못한다. 비전을 위한 희생의 각오 없이 삶을 살아간다. 나이가 들어가지만 여전히 무엇을 해야 할지 알지 못한 채 살아간다면 비극이다. 또한 비전이 무엇인지 알았다면 그것을 이루기 위해 단계별로 계획을 세우고 무엇을 실행할지 적극적으로 고민해야 한다.

고국으로 돌아 와야 할 단계

캐나다에서 성서학 석사를 마칠 때, 그 다음 스텝을 선택해야 했다. 사역을 할 교회도 정해졌기 때문에 5년 정도 박사 과정을 하면서 캐나다에 머물기로 결정했다.

사역과 박사학위가 시작되면, 몇 년간은 다시 부모님을 뵙기 어렵기 때문에 잠깐 한국에 방문을 했다. 보름정도 머물면서 부모님께 인사드리고 제자들과 동역자들을 만났다. 앞으로의 학업과 사역을 위한 기도제목을 나누고 캐나다로 다시 돌아왔다. 이삿짐센터까지 예약을 해두었고, 이사할 집도 정했다. 그런데 그 때 하나님께서 한국으로 가서 사역을 하라는 마음을 주셨다. 여러 가지 사인(sign)으로 마음에 어떤 확신이 들었고 고민이 시작되었다. 결국 아내와 함께 기도하며 한국으로 돌아가기로 결정하였다. 그게 이사하기 3일 전이었다. 그래서 캐나다에 가기로 한 아파트 계약을 취소하고 이삿짐센터에 취소 전화를 했다. 가기로 한 교회에 전화를 하였다. 새로 오는 사역자를 기다리고 계셨는데 죄송하다는 말만하고 전화를 끊었다. 모든 상황을 다 설명할 수가 없어서 갑자기 한국에 가게 되었다고만 말씀드렸다. 집에 있는 모든 것을 다 처분한 3일 뒤, 오랫동안 오지 못한다고 인사를 드리고 떠났던 부모님 집으로 다시 돌아왔다.

그 때가 2009년 3월이었다.

3월에는 대부분의 교회가 사역자를 뽑지 않는 시기이다. 보통 12월 달이면 사역자 이동이 다 끝나는 때여서 한국에서 청년사역을 하고 싶었던 내가 사역할 수 있는 자리는 없는 것 같았다. 그 때 대구에 있는 대구동신교회에서 영어예배 파트 사역자를 뽑는 공지를 보게 되었다. 알고 보니, 신학교에서 가르치셨던 권성수 교수님이 시무하시는 교회였다.

그 당시 기도제목이 건강한 교회에서 청년 사역을 하고 싶다는 것이었다. 비록 기대했던 청년사역은 아니었지만 정말 좋은 교회에 있어봐야 좋은 교회를 세울 수 있다고 생각했기에 대구동신교회 영어예배부 파트 사역자 자리를 지원하였다.

대구로 내려간다고 했더니 교회에서는 사례비도 적은 파트전도사로 정말 올 수 있는지 의아해 하는 듯이 보였다. 내려오라고 해놓고서는 확답은 없고 계속 기다려보라고만 하였다. 나중에 알고 보니 결혼한 사역자가 오니 교회에서 회의를 하고, 거의 전임사역자에 준하는 사례비를 주는 것으로 결정하는데 시간이 걸렸다는 것이다. 사실 사례비만 생각했다면 한국은 오지 않았을 것이다. 사례비는 생각지 않고 건강한 교회에서 사역하고 싶은 마음뿐이었는데, 참 감사한 일이었다.

대구동신교회에서 영어예배 파트 전도사로 사역을 시작할 때는 혼자였다. 그렇게 사역하면서 부흥하다보니 사역자를 더 세우자고 해서, 몇 년 뒤에는 외국인 사역자 3명과 한국어와 영어를 할 줄 아는 사역자 2명, 총 5명의 사역자들과 영어유치부, 영어유년부, 영어소년부, 영어청소년부, 성인영어예배부를 세우게 되었다. 영어예배부를 섬기면서 보람도 있었지만 그 때 이런 생각이 들었다. '왜 여기까지 와서 영어예배 사역을 하고 있지? 나는 청년사역을 하러 왔는데….' 그러면서 4년 6개월이라는 세월이 흘러갔다.

2013년 9월 16일 디렉터 회의를 하는데 담임목사님께서 "김영한 목사! 청년부 한번 맡아보지!"하시며 청년부 사역을 제안하셨다. 그래서 9월 16일, 청년부 디렉터로 세워지게 되었다. 그 당시 청년부는 재적이 500명이니 적지 않은 규모였지만 전반적으로 정체 상태였다.

청년부를 담당하면서 하나님이 사역준비를 시키시는데 새벽 1시, 2시에 자꾸만 깨우시며 기도하게 하셨다.

하나님께서 주시는 아이디어를 핸드폰 메모장에 빼곡히 적어가며 기획을 하였다. 그렇게 청년부 사역을 시작했고 곧 한국교회에서 가장 빨리 부흥하는 청년부가 되었다. 2년 6개월 만에 2배 이상 부흥하여 1,200명 정도 예배하는 공동체가 되었다. 하나님께서 처음 시작부터 공동체를 이끄셨으며 부흥의 열매를 맺게 인도하셨다. 감사하게도, 2016년에 11월에는 〈제자도〉라는 영화에 대구동신교회 청년 아포슬이 대안교회로 나오게 되었다.

대구는 부흥이 잘 되지 않는 도시이다. 1,500개 교회가 있지만, 점집은 2,200개가 넘는다. 불교가 강하여 사원도 많고 큰 불상들이 대구에 많이 있다. 매년 불교도들이 모이는 큰 집회가 있고, 미신과 이단들이 많아서 대구는 사역하기 쉽지 않은 곳이다.

선교사의 순교지요, 목회자의 무덤이라고 하는 곳이 대구다. 그런 도시에서 부흥을 하게 되니 주목을 받았다. 리더가 400명이 넘고, 특새 때 400-500여명의 청년들이 새벽에 몰려온다. 전반기와 하반기에 30개 이상의 교육과 훈련이 진행되고, 건강한 공동체로 세워졌다.

이런 대구동신교회 청년 아포슬을 탐방하러 서울과 수도권 그리고 기타 다른 지역에서 오고 있다. 2016년 12월에 대전의 한 대형교회에서 4번 탐방을 왔고, 수도권의 한 교회는 3번 탐방을 왔었다.

현재 한국교회는 다음세대 사역이 쉽지 않다. 2016년 통합교단에서 발표한 자료에 의하면 통합교단에 청년부가 있는 교회가 21.6%라고 하였다. 상상이 되는가? 주위를 둘러보면 교회마다 청년부가 거의 없다.

합동교단은 주일학교가 없는 곳이 65~68%라고 2015년 99회 총회에서 발표하였다. 한국에서 건강하다는 합동 교단이 이정도이면, 한국교회 전체적으로 다음세대 사역이 힘들다고 할 수 있다. 상상할 수 없는 일이다. 지금 한국교회 성도가 800만 명 정도라고 말하는데, 한 세대 즉, 20년~30년이 지나면 반 토막이 될 것이다. 많게는 300만까지 줄어들 것이라 예상하는 학자도 있다.

그런 현실에서 대구라는 곳은 더 열악한 상황이다. 감사하게 부흥을 경험하면서 〈제자도〉 영화를 촬영할 때 김상철 감독님에게 한 말이 있다. "사실 우리 교회가 많은 프로그램을 합니다. 그런데 여기에 부흥의 핵심이 있지 않습니다. 제자훈련이 핵심입니다. 제자훈련을 하자 하나님이 상상할 수 없는 부흥을 주셨습니다."라고 고백하였다.

2016년 새가족이 1,000명 정도 왔었는데 그들 중 초신자들이 40% 이상이었다. 1,000명 중 600명 정도가 정착을 하였다. 하지만 지방이다 보니까 기존 신자 중 200~300명은 수도권과 타 지역으로 학업, 직장, 그리고 결혼 때문에 이사를 갔다. 그래도 한해에 150~300명 정도 늘었다.

부흥의 이유가 무엇이었을까? 정말 중요한 부흥의 핵심은 하나님께서 어느 방향으로 공동체를 이끌어 가기를 원하시는지에 대해 집중해서 듣고, 들은 대로 움직였기 때문이라 생각한다. 주님이 사인(sign)을 주실 때 순종하여 그 길을 선택하면 하나님이 주시는 보너스 열매가 있음을 부인할 수 없다.

주님이 아브라함에게 떠나라고 할 때 떠나고, 바울에게 아시아가 아니라 마케도니아로 가도록 환상을 주셨을 때 순종함으로 주신 열매는 크고 달았다. 마찬가지로 주님의 인도를 따라 사는 자에게 주시는 열매도 크고 달다.

준비와 비전

책 〈아포슬〉이 2017년 7월에 세상에 나왔다. 그 뒤 2018년 9월까지 10권 이상의 책을 썼다. 이렇게 여러 권의 책을 쓸 것이라고는 상상도 못했다. 초등학교 1학년 시절엔 한글도 몰랐기 때문이다. 그런데 5-6년 전 새벽에 나가서 기도를 하는데 하나님께서 이런 마음을 주셨다. '설교하는 것과 강의하는 것을 모아두고, 자료를 정리해놓으라'는 것이다.

그래서 설교한 것을 차근차근 모으며 업데이트하고 교회 안과 밖에서 강의하고 교육한 것도 모았다. 분주한 교회 사역으로 시간이 부족하였다. 그런데 자료를 정리하고자 생각하면서부터 설교도 시리즈 설교를 하기 시작하고, 교육 할 때는 성경 각 권 중심으로 정리하며 성경을 가르쳤다.

교회 내외를 막론하고, 설교나 강의한 자료는 최대한 녹음, 녹화를 하고, 청년 중 몇몇은 글로 옮겨 적는 서기관 역할까지 감당해주었다. 그렇게 하니 자료정리가 잘 되었다.

초반에는 설교 원고와 강의안을 가지고 메시지를 나눈다. 그런데, 실제로 나눌 때 현장에서 성령님께서 깨우쳐주시는 것이 있다. 강의도 생각한 것과 다른 방향으로 할 때도 있다. 그런 부분을 놓치지 않으려고 이젠 개인적으로 녹음까지 한다. 강의안대로 책을 내면 너무 재미가 없지만, 현장에서 나눈 것을 실으면 더 현장감이 있다.

소명, 사명, 비전 글은 기획하고 쓴 것이 아니다. 이미 여기저기서 강의한 것을 모으고, 정리한 것이다. 특별히 이 비전에 관한 글은 서울 강남에 있는 소망교회에서 4번의 비전에 관한 특강을 할 때 반응이 좋아 시리즈로 페이스북에 올리고 업데이트 했던 것이다. 다른 곳에서도 비전에 대한 강의를 하며 정리하고, 보완하였다.

이렇게 비전은 단번에 이루어지지 않고, 작은 것부터 소홀히 하지 않고 차근차근 준비할 때 이루어진다. 많은 사람들이 비전은 크고 미래에 거대한 어떤 성과가 이뤄지는 것이라는 고정관념이 있다. 그러나 그런 고정관념은 하루하루 작은 일상과 대단하지 않은 일들이 모여 어느새 비전이 이루어진다는 사실을 간과한 생각일 뿐이다.

책 〈아포슬〉을 3주 만에 쓸 수 있었던 이유도 탐방 팀이 올 때마다 나눈 이야기와 인터뷰하여 나간 신문기사를 정리 해 놓았기에 가능하였다. 다른 책들도 그렇게 쓰다보니까 어느새 10권이 된 것이다.

마찬가지로 여러분의 비전을 처음 생각했을 때는 아무것도 아닌 것 같고, 무의미한 것 같을 수 있다. 자료를 모으고, 현장에서 일하는 일상이 무슨 비전이 되고, 대단한 일이 될 수 있는지 의구심이 든다.

멀리 내다보고 장사하면 구멍가게도 비즈니스(큰 사업)를 할 수 있다는 말이 있다. 그렇게 되기 위해서는 확실한 비전이 있어야 하고, 성실히 그 비전을 위해 일해야 하고, 나중에는 과감한 투자도 해야 한다.

맥도날드는 딕과 모리스 형제를 통해 시작되었다. 그렇게 시작된 사업은 나날이 발전하였지만 수많은 경쟁자들이 나왔을 때 정체를 맞았고, 회사가 다음 단계로 나아가지 못했다.

레이 크록은 그 맥도날드 회사에 들어와 회사의 모든 것을 매뉴얼화하여 75페이지 교육용 책자를 만들었다. 친구를 데리고 오면 장난감을 나누어 준다는 피라미드 광고를 도입하고 넓은 주차장을 구비하도록 했다. 이 모든 일을 한 레이 크록은 물 호스를 들고 맥도날드를 청소하는 리더였다. 그는 회사를 더 살려내려고 필요한 사람들을 데리고 오며, 임금을 주려고 은행에서 돈을 빌리기도 하였다. 나중에 레이 크록은 딕과 모리스에게서 거금을 주고 맥도날드를 전부 인수하기에 이른다. 현재 맥도날드는 전 세계 137개국에 31,000개 이상의 매장을 지닌 거대기업이다.

우리는 음악가, 교사, 회사원 등 아주 평범하게 살 수 있다. 그러나 그 자리에서 매일 매일 작은 일도 성실히 해 나가고, 주위에 있는 것을 개선하면, 나중에는 상상하지 못한 일을 담당하고 감당하게 될 것이다.

누구에게나 기회가 주어진다. 그러나 그런 기회를 살려내는 사람이 있고, 죽이는 사람이 있다. 탁구를 칠 때 고수는 떨어지는 곳에 드라이브를 걸어서 공을 살리고, 반대편 테이블에 넘긴다. 그냥 넘기는 것이 아니라 강력한 스핀이 들어가는 공으로 만든다. 수비만 급급한 것이 아니라 멋진 공격으로 반격하는 것이다.

비전의 사람은 바로 그런 사람이다. 작은 일을 하다보면 그 다음 단계로 넘어가게 된다. 이렇게 다음 계단 그 다음 계단으로 오르다 보면 비전의 정상에 오르게 되는 것이다.

어느 날 극동방송 관계자 한 분이 나의 수요설교를 듣게 되었는데 나중에 나에게 찾아와 방송을 진행하자는 요청을 하셨다. 그래서 시작하게 된 것이 '찬양이 있는 말씀'이라는 프로그램이다. 설교 자료를 모으고, 업데이트하고, 나누다가 이제는 방송을 통해 말씀을 나누게 되었다.

신학교 입학 시절 수많은 사람들 앞에서 설교하는 내 자신의 모습을 꿈(환상)으로 보았다. 그 당시 작은 시골 교회를 다니던 내게는 믿겨지지 않는 그림이었다. 하지만 설교자가 되어야겠다는 꿈을 가졌고 신학교 1학년 때 신문을 스크랩하고, 좋은 글을 모으기 시작했다.

어떻게 비전을 이룰지 답이 나오지 않았다. 아주 내성적이라 목소리도 작고, 이상하였다. 사람들은 작고 이상한 내 목소리를 좋아하지 않았지만 기도회를 인도하게 되면서 차츰 소리가 좋아지기 시작했다. 지금은 사람들로부터 목소리가 좋다는 말을 많이 듣고 있다. 이제는 설교할 때 임팩트 있게 전할 수 있게 되었다.

하나님께서 우리에게 저마다의 원석을 주셨다. 그 원석을 부지런히 충성을 다해 깎으면 보석이 되는 것이다. 준비를 하고 다음 단계를 어떻게 인도하실지 모르지만 오늘 하루 성실히, 진실하게, 열심히 비전의 원석을 다듬으면 된다. 그럴 때 그 다음단계로 우리를 인도해 주신다.

조금씩 변하는 기질

비전은 조금씩 바뀔 수 있다. 이처럼 하나님은 비전의 사람도 조금씩 바꾸어 가신다. 조금씩 더 성숙하도록 하셔서 비전을 온전히 이루도록 하신다. 주님 안에서 기질까지 바꾸어 주신다.

"나는 내성적인 사람이니까 어떤 일은 잘하지 못하겠지", "나는 결정장애가 있는 점액질의 성격이고, 나는 생각이 많고, 의심이 많은 우울질의 사람이니까 힘들겠지" 이런 생각해서는 안 된다.

주님은 우리의 안 좋은 기질과 성격을 아예 없애 버리는 것이 아니라 선하게 성숙시키시고, 온전해 지도록 도와주신다. 나는 어렸을 적 사람들 앞에 서면, 입술이 떨리고, 심하면 볼까지 떨리는 사람이었다. 그런데 지금은 주로 설교, 강의, 상담등 말을 하는 사역을 한다.

하나님은 다혈질적이고, 혈기 왕성한 담즙질적인 모세를 미디안 광야에서 만져 주셨다. 애굽 사람을 죽일 정도로 거친 기질과 급한 성격의 모세를 40년 동안 양을 치게 하시면서 인자하고 온유한 성격으로 바꾸셨다. 여호와 하나님은 그런 모세를 지면에서 온유함이 가장 뛰어난 자로 만드셨다. 예전에 모세를 알았던 애굽과 이스라엘 사람들은 믿지 못할 일이었을 것이다. 그러나 여호와 하나님은 모세를 만져 주셨고, 기질과 성격도 광야에서 바꾸어 주셨다.

우울질의 스펄전과 말더듬이 척 스윈돌

스펄전 목사님은 황금의 입을 가진 설교자였다. 그는 헌신적인 목회와 수많은 저작들을 통해 지금까지 교회와 기독교인들에게 지대한 영향을 주고 있다. 뛰어난 설교자이며 설교 시간에는 늘 재미난 농담도 잘 했지만 그는 종종 우울증으로 인해 고통을 겪었다고 한다. 하지만 하나님은 그런 스펄전 목사님이 사역하는데 어려움이 없도록 힘을 주셨다. 무엇보다도 그는 설교와 저작들을 통해 자신의 우울증에 대한 경험을 나누었다. 자신의 연약함이었던 우울증을 연구하고 대처방법들을 기술함으로 목회자들을 포함한 많은 기독교인들을 영적으로 감화시켰다. 하나님께서는 그를 통하여 그의 설교를 듣는 자들이 세상의 일로 겪고 있는 우울과 좌절을 이겨 내도록 해 주셨다.

미국에 흑인 설교자 중에 척 스윈돌 목사님은 달변가로 손에 꼽힌다. 하지만 그는 말더듬이였다. 말더듬이로 제대로 된 문장을 말하기 어려웠던 사람을 하나님은 이 시대 유창한 설교자로 설 수 있게 해 주셨다.

주님은 나에게도 그런 역사하심을 나타내셨다. 정말 소극적인 사람이고 작은 교회에서 자랐던 사람이었는데 지금은 많은 사람들 앞에서 아무런 부담감 없이 설교를 하고 있다.

나는 처음 신학교에 들어갔을 때 누군가에게 "이것이 제 비전입니다!"라고 나누기가 어려웠다. 그런데 나중에는 비전을 나누면서 "저는 설교자가 될 겁니다. 말씀을 공부 하러 유학을 갈 겁니다." 선언하였다.

그렇게 하면서 신학 공부를 할 때부터 사물을 볼 때나 다른 사람의 이야기를 들을 때 늘 새로운 관점으로 보려고 노력했다. 그런 새로운 관점으로, 설교할 때 성경 본문을 설명하기에 어떻게 연결하면 좋을지, 어떤 연결점이 있는지 고민하였다. 그러다보니 같이 신학교를 다니던 형이 "너는 무엇을 그렇게 어렵게 생각하냐? 무엇을 그렇게까지 보려고 하냐?" 핀잔 아닌 핀잔을 주기도 하였다. 하지만 이런 사고의 틀은 결국 설교에 큰 도움이 되고 있다.

  설교의 예화를 찾고 적용하기는 매우 힘들다. 그런데 예전에 사물이나 사람에 대해 열린 관점으로 보려던 노력, 고민하며 생각했던 것들이 다 설교를 준비하는 데 도움이 되고 있다.

  비전의 사람이 될 때 자신의 약점에 집중해서는 안 된다. 어떻게 하나님께서 보완해 주시고, 성숙하게 해 주실지 기대하면서 끊임없이 노력해야 한다. 그러면서, 자신의 분야에서 잔 근육들을 단련하는 훈련을 하고. 여러분이 가지고 있는 것들을 조금 더 잘 정리하고, 사용해서 하나하나를 더 개발하고 관리해야 한다. 그러면 하나님께 더 좋은 모습으로 자신을 드리며 비전을 이루어 가는 데 도움이 된다.

  "하나님께서 한 달란트를 내게 주시면 내가 그것을 잘 간수하고 펼쳐가야지."가 아니라 주어진 그 한 달란트를 지금부터 잘 활용해야 한다. 계획을 짜고, 주위사람들에게 계속해서 자신의 비전을 이야기하며, 끊임없이 눈물, 땀, 피를 흘리며 이루어 나가려고 해야 한다.

19
3분과 비전

내 아내는 결혼한 뒤 한참 후에 이런 이야기를 해주었다. 내가 프러포즈하기 전까지 한 가지만을 동일하게 말했다고 한다. 49일 동안 만나면서 항상 비전에 대해서 얘기를 했고, 유학을 가서 뭐를 하고 싶은지를 쉬지 않고 계속 말했다고 한다.

"무슨 영화 볼까요? 어느 음식점에 갈까요?" 같은 얘기는 안하고 아내에게 계속 비전에 대한 말만 했다. 그래서 아내는 나를 위해, 내 비전을 위해 기도하였는데 하나님으로부터 '아! 이 사람이구나'라는 마음을 받았다고 한다.

연애를 하면서 전도사로 있었던 교회에 갔는데 주일학교 여학생이 아내에게 이런 얘기를 했다. "저희 전도사님이 재밌어서 결혼하는 거죠?" 그 말을 듣고 아내는 '한 번도 재밌는 이야기, 우스운 표정을 지어 본 적이 없는데 무슨 말을 하는 거지?'라고 생각했다.

비전의 사람은 입을 열면 비전에 대해 나누고 그것을 공유한 사람과 함께 갈 동역자들을 만난다. 그 동역자들 중 한 사람이 배우자이다. 다른 사람들은 여러 모양으로 함께 동역을 하게 되는데 그 중에는 기도 후원자가 되어 동역하기도 한다.

아주 친한 선교사님이 계시다. 지난번에 외부 집회를 인도하러 들어가기 전에 잠깐 전화로 통화하며 "잘 지내고 계시는지요?"하고 안부를 물었다. 마침 선교사님도 다른 교회 집회를 시작하기 전이라고 하셨다. 둘 다 7시 30분, 같은 시각에 예배를 인도한다는 걸 알고 서로를 위해 기도를 부탁했다. 동역자들은 서로 중보하며 만나면 비전을 나누고 공유한다.

대구동신교회 청년부를 처음 시작하는 시기에 새벽 1시, 2시에 잠에서 깼었다고 했는데 하나님이 그때 주신 아이디어를 S다이어리에 적어 놓았다. 양육기초, 고급, 제자훈련, 사역, 성경베스트, 새벽기도, 선교, 국내선교, 덜&더 운동(한 달에 1일은 음료수 하나 줄여서 구제하고, 15일은 한 끼 금식하고 헌금해서 선교에 사용하고, 25일에는 미디어 금식하는 운동), 이런 목회적인 것들에 대한 아이디어였다.

그렇게 적어놓은 내용들을 지현호 선교사님과 함께 나누었다. 그때 선교사님과 1시간 동안 집 앞에 있는 학교 운동장을 거닐면서 나누었는데 그 내용들이 1년 후에 아포슬에서 다 이루어졌다.

지현호 선교사님이 첫 책 〈아포슬〉에 써 주신 추천서에 이런 내용이 있다. "목사님 그때 학교를 거닐면서 계속 이런 저런 아포슬 사역에 대한 얘기를 쉴 새 없이 했습니다. 그런 사역이 1년 뒤 펼쳐지는 것을 보고 놀라웠습니다."

정작 나는 그 때 상황을 잘 기억하지 못하고 있었다. 그냥 주거니 받거니 머릿속에 있는 것을 끊임없이 선교사님에게 얘기했었다.

정말 감사한 것은 선교사님이 그 이야기를 들은 후로 끊임없이 나의 삶과 비전을 위해 기도해 오셨다는 것이다. 선교사님은 매일 가정예배 때마다 지속적으로 아포슬을 위해서 기도하셨다. 그리고 지금까지 아포슬을 같이 세워가는 동역자로 함께 하시고 계신다.

책 〈아포슬 2〉가 나올 때는 같이 동역하고 있는 박훈 목사님(푸른숲교회 담임목사)에게 추천사를 부탁하였다. 그 추천서에 아포슬을 향한 비전에 대한 생각과 삶에 대해 기술해 주셨다.

"김영한 목사님과 동역한지 어느덧 5년이 됐습니다. 대구동신교회 영어예배부에서 처음 만나 1년, 아포슬 청년부 사역을 시작하고 2년, 그리고, 제가 담임이 되어 2년을 함께 했습니다.

김영한 목사님이 2014년 아포슬 청년부를 담당한 이후로 지금까지 목사님과 나눈 대화의 90%는 아포슬에 관한 얘기입니다. "이번 주에 어느 교회에서 탐방을 와요! 우리 청년이 간증을 했는데, 너무 좋았어요. 다음 주에 다니엘기도회 합니다!" 다른 얘기는 할 틈이 없습니다. 진짜 모든 생각이 청년들에게 꽂혀 있는 겁니다.

김영한 목사님의 뇌구조를 그림으로 그려본다면 아포슬, 청년들, 설교, 양육과 훈련이 있을 겁니다. 게임에 중독된 청년 한명이 변화되어서 새벽예배를 드리는 것에 흥분하고, 좋아하던 모습, 설교 때 목이 터져라 청년들에게 설교하는 모습, 아침 7시에 출근하기 전 청년들을 양육하고, 밤 8시에는 퇴근한 청년들을 모아 또 훈련을 합니다. 김영한 목사님과 아포슬은 마치 거북이와 거북이 등같이 딱 붙어있는 듯합니다.

처음 출간한 책 제목이 〈아포슬〉인 것이 저에겐 너무 당연하게 여겨집니다. 김영한 목사님을 옆에서 보면서 고 옥한흠 목사님의 광인론이 떠올랐습니다. 김영한 목사님은 정말 청년들에게 미친 사람입니다. 청년을 좋아하고, 사랑하고, 그래서 그들을 예수 그리스도의 군사로 키우려고 잠을 줄입니다. 페이스북에 매일 2-3개 올리는 글의 주제는 전부 청년들을 위한 글입니다.

어떻게 아포슬 청년부가 급격한 성장을 이뤘는가? 미쳐서 그렇습니다. 어떻게든 자기 양에게 좋은 걸 먹여주려는 목자를 하나님께서 쓰신 거지요. 그런 목자에게 하나님께서 양떼에 먹일 꼴을 때에 맞게 주시니, 양들은 쉴만한 물가와 푸른 초장을 찾은 겁니다.

예배에 은혜를 받으니, 청년들이 알아서 전도합니다. 자기 교회가 너무 좋으니까 주위 사람들에게 좋다고 하는 거죠. 전도 안했는데도, 직장동료가 '너는 뭐가 그렇게 행복하냐' 하며 교회에 따라 나오기도 했답니다. 전도하는 게 아니라, 전도 되는 겁니다!

이 시대 청년들을 사랑하는 한 목자의 몸부림이 이 책에 담겨 있습니다. 청년들이 꼭 읽어 보고, 아포슬 한 명 한 명처럼 변화되기를 소원합니다. 점점 하나님을 잊고, 각기 자기 소견대로 사는 청년들과 다음 세대를 보고, 애타는 마음으로 함께 몸부림치실 교역자들과 교회 리더들에게 이 책(설교집)을 강력히 추천합니다!"

여러분에게 여러분의 비전을 나눌 수 있는 사람이 있는가? 그리고 비전을 나누어서 같이 갈 수 있는 사람이 있는가? 그 사람이 동역자이고, 그 사람이 배우자이며, 그 사람이 평생을 같이 갈 사람이다.

사람은 3분 안에 자기 마음속에 있는 이야기를 다 할 수 있다. 이 사람이 나를 좋아하는지 싫어하는지를 3분 안에 다 알 수 있다. 3분 동안만 같이 있어도 이 사람의 마음속에 있는 감정, 좋았던 것, 싫었던 것 다 이야기하게 되어있다. 사람이 숨기기 어려운 게 있다면 그것은 미움과 사랑이다. 상대를 향한 미움이 얼굴에 나타난다. "미워! 증오해!"라고 굳이 말하지 않아도 전달된다. 사랑하는 감정 또한 속일 수 없어서 사랑하는 사람 앞에서는 눈이 평소보다 더 반짝반짝한다.

사랑하는 마음은 절대 숨길 수 없다. 이 사람이 날 좋아하는지, 안 좋아하는지 알고 싶다면 그 사람 사진을 한번 찍어보라. 정말 좋아하는 사람을 보면서 사진을 찍으면 그냥 웃고 있는 모습이 담겨지게 되어있다.

3분 안에 그 사람 안에 있는 것을 다 들을 수 있듯, 비전의 사람도 만나면 3분 안에 자기의 비전에 대해서 다 이야기 한다. 3분이 부족할 수도 있다. 그러나 비전의 사람이 말을 하면 그 비전을 듣는 사람의 마음도 뜨거워진다.

외부집회를 가면 밤에 집회 후 커피숍에 간다. 가서 비전에 대해서, 앞으로의 인생에 대해서 나누고 싶어 하는 동역자들과 이야기를 나눈다. 멀리 있지만 찾아와주고 함께 하니 감사하다. 그리고 그들과 같이 비전을 나눈다. 청년 목회를 하는 동역자를 만나 같이 고민하고 앞으로 펼칠 사역의 밑그림을 그린다.

우리는 각자의 사역 현장에서 조금 다른 비전을 품고 가지만 비슷한 점이 많아서 같이 이야기를 나누면 서로 배움이 되고 도전을 주고받는다. 철이 철을 날카롭게 하듯이 서로를 도전하며 성장하게 한다. 무엇보다 감사한 것은 비전을 나누면서 서로 믿고, 기다려 주고, 무엇보다 될 수 있다고 격려해 준다.

여러분이 진짜 비전을 가지고 있으면 비전의 사람을 만난다. 그렇기 때문에 비전이 없는 사람과 만나는 것 자체가 고역이 된다. 여러분과 같은 비전을 품은 사람을 만나서 3시간, 4시간을 이야기 할 수 있다면 그 사람은 평생 동역자다.

비전이라는 것은 그렇게 무섭고 감출수가 없는 것이다. 비전이 없는 사람은 절대 비전에 대해서 논할 수 없다. 가슴이 뜨거워질 수 없다. 그런데 나랑 비전이 똑같은 사람, 나랑 공감대가 있는 사람과는 더 얘기하고 싶고, 시간을 쪼개서 만나고 재정을 나눈다.

여러분들이 진짜 비전을 가지고 있는가를 잘 살펴보라! 3분 안에 내가 무슨 이야기를 하고 있는지 살펴보라! 돈 걱정을 하는 사람은 돈 이야기를 하고 결혼하고 싶은 사람은 이성에 대한 이야기를 한다. 헌신에 대해서, 선교에 대해서 가슴이 타는 사람은 3분 안에 선교에 대해서 이야기 한다. 감출 수 없다. 여러분 속에 비전이 무엇인지를 간파하고, 나는 어떻게 그 비전을 이룰 것인가를 이야기 할 수 있는 단계까지 가야 한다.

바이어들이 어떤 사람의 물건을 사는지 아는가? 자신들 앞에서 이 제품에 대한 자신감이 있는 사람의 물건을 산다. 비싸도 산다! 그 자신감, 그 확신, 그 열정 그것을 사는 것이다. 그 사람의 열정과 패기를 사고 싶어 하는 것이다. 그 사람과 함께하고 싶은 것이다. 그렇지 않은 사람은 가격이 싸더라도 함께하고 싶지 않은 것이다.

비전을 가지고 있는가? 비전을 가지고 있는 사람에게는 사람이 모이게 되어있다. 같이 가는 사람이 있게 된다. 절대, 외롭지 않다. 비전을 생각하고, 구상하고, 실천하면서 살기에 외로움이라는 단어를 떠올릴 시간조차 없다.

20
내려놓기와 비전

비전을 품고 사는 지체들이 우리 주위에 있다. 특히, 믿지 않는 부모님 밑에서 어려움을 당하며 주어진 비전을 이루는 지체들이 있다. 미선이도 그랬다. 교회 다니는 것 때문에 감금 당하고 폭행을 당하기도 했다. 21세기에 있을 수 없는 일이다. 미선이는 하나님의 비전을 위해 그 좋은 공무원 자리를 내려놓았는데 그것이 안 믿는 부모님들께는 이해할 수 없는 일이었기 때문에 더욱 핍박받게 되었다. 게다가 선교를 가기 위해 단계별 과정을 준비하는 미선이였으니 부모님이 이해할 리가 없었다. 그런 환경 가운데 그녀는 몇 년 동안을 직업 없이 살았다. 해외선교의 비전을 위해 한국어 교사 자격증을 공부하다가 최근에 취업을 했다. 물론 이것은 돈이 되는 직업도 아니며 취업한 일터도 돈이 되는 곳은 아니었다. 해외에 있는 학교에서 교육선교를 하려고, 크리스천 유치원에 들어가서 일을 했다. 처음에는 월급을 주든 말든 상관없이 배우려고 들어갔는데 지금은 성실히 잘 가르치기에 월급을 받으며 일을 하고 있다.

다른 지체 수경이는 어릴 때부터 직장생활을 해서 18년 정도 학교에서 근무하였다. 학교에서 아주 핵심적인 일을 하는 직원이었다. 그녀의 연봉이 최고치를 찍었을 때 그만두겠다고 하였다. 학교 직원들은 다 미쳤다고 하며 그녀를 이해하지 못했다.

학교에서 총장 비서와 행정실 회계로서 학교의 전반적인 일을 모두 해 보았다. 총장님이 이 지체를 정말 아끼고 신임했기 때문에 학교의 모든 것, 게다가 개인적인 통장까지 다 맡길 정도였다. 그런데 그런 신임과 인정을 뒤로하고 연봉도 최고를 받을 수 있었음에도 내려놓은 것이다. 왜냐하면 수경이가 학교 일을 하는 동안 하나님께서 그녀에게 보여주신 비전이 있었기 때문이다. 그것은 학교를 세우는 것이었다. 수경이는 학교를 세우기 위해서 박사 공부를 하러 나가야겠다고 결심한 후 일을 그만두기로 결정한 것이다. 사람들은 도무지 이해할 수 없었다. 하나님이 주신 비전을 이루기 위해 자신이 누릴 수 있는 것을 포기하였다. 수경이는 지금 직장을 내려놓고 유학 갈 준비를 하고 있다.

우리의 관점은 나 자신의 유익이 아니라 하나님 나라의 유익에 있어야 한다. 그렇다고 여러분에게 당장 학업을 중단하거나 내일 직장에 가서 사직서를 제출하라는 것은 아니다.

아브라함은 갈대아 우르를 떠나라는 말씀을 들었다. 그런 뒤 어디인지 몰랐지만 하나님이 말씀하시는 땅을 찾아 떠났다. 하지만 하란에 2년을 머무르게 된다. 왜 2년간을 하란에 있었을까? 아브라함은 하란에서 2년을 보내고 나서 다시 가나안을 향해 떠난다. 성경은 아브라함이 아버지 데라가 죽은 뒤 하란 땅을 떠났다고 말한다. 아마도 아버지가 연로하거나 그 땅이 주는 매력 때문에 하란에 머무르지 않았을까 추측한다. 그런데 그 때 하나님께서 데라를 데려가셨다. 아버지와 같이 하란에 계속 머무르는 것이 인간적으로 합당해 보였겠지만 아브라함은 하나님이 주신 비전을 따라 가야했다. 하나님께서 데라를 데려가시자 아브라함은 다시 하나님이 이끄시는 길을 향해 떠나게 되었다.

우리 각자에게는 부르심이 다 있는데 그 부르심 가운데서 살아가고 있는지 점검해야 한다. 또한 내 일이 하나님의 나라를 위한 것인가 아니면 욕심 때문에 하는 것인가를 구분해야 한다. 내 결혼도, 이직도, 승진도, 섬김과 봉사도 그 의도가 무엇인가를 점검해야 한다.

감사하게 유학 때 신학교에서 학비 장학금을 받았고 학교에서 일도 하였다. 그래서 거의 돈을 들이지 않고 공부할 수 있었다. 그런데 근처에 있는 학교에 공부하고 싶은 성서학 과정이 있었다. 하고 싶은 성서학 과정은 거의 2배 정도 더 학자금이 비싼 과정이었지만 아무런 미련

없이 주저하지 않고 성서학 과정으로 옮겼다. 지금도 그 결정을 후회하지 않는다.

주신 비전을 따라 가는데 조금도 망설이지 않아야 한다. 비전은 머리로 계산해서 이루는 것이 아니다. 머리로, 이성적으로 손익을 따져가는 것이 아니라, 때로는 손해를 보더라도 내려놓을 것은 내려놓고 가야 한다.

우리가 비전을 좇아 살면서 때때로 멈추고, 주저할 때 하나님께서는 내가 사랑하는 사람 혹 사랑하는 것을 가져가실 수도 있다. 늘 그렇게 비정한 하나님은 아니시지만 우리가 비전을 좇아 떠나도록 재촉하실 때가 있다. 우리가 내려놓아야 할 것이 있는데 우리가 그렇게 하지 못하고 주저앉아 있을 때 주님은 우리가 아끼고 사랑하는 부분을 치실 때도 있다.

비전을 이루기 위해서 우리는 의식주의 어떤 부분을 내려놓아야 한다. 먹고 마시는 것도 내려놓아야 한다. 잠자는 것도 내려놓아야 한다. 평소에 늦게까지 글을 쓸 때가 있지만 새벽 기도 1부와 2부를 다 참석한다. 남들 보다 덜 잔다. 잠도 어느 정도 내려놓아야 한다. 잘 것 다 자고, 놀 것 다 놀고, 쉴 것 다 쉬면서 비전을 이루기는 어렵다.

비전을 이루기 위해서는 내려놓아야 할 것이 있다. 내려놓아야 할 것이 무엇인지 분명히 알고, 내려놓을 수 있는 것은 정말 감사한 일이다. 정말 안타까운 건 무엇을 위해 어떤 것을 내려놓아야 할지 모른다는 것이다.

헬렌 켈러가 그런 말을 하였다. 자신처럼 보지 못하는 자가 불행한 자가 아니라 비전이 없이 사는 자가 더 불행하다고 말이다. 목적을 가지고 희생하고, 헌신하고, 내려놓는 삶은 불행하지 않다. 아무것도 헌신하지 않고 목적 없이 사는 삶이 더 불행한 삶이다.

에스더는 자신이 민족을 구원해야 하는 사명이 있다는 것을 깨달았다. 그래서 "죽으면 죽으리라!"고 고백하며 왕 앞으로 나아갔고, 하만의 계략을 꿰뚫고 이스라엘 동족을 구원하였다. 우리는 어떤 사명을 어떤 구체적이고 단계적인 비전으로 이루어야 할지 알아야 한다. 그리고 그 주어진 부르심을 위해서 내려놓을 것을 내려놓고, 포기할 것을 포기해야 한다.

비전을 위한 포기

비전을 이루기 위해서 때로는 다른 비전을 포기할 줄 알아야 한다. 큰 것만 포기할 것이 아니라 작은 유익과 편의도 내려놓아야 한다. 이루기 위해 포기해야 한다는 것이 모순적으로 들리지만 그렇게 해야 한다.

세례요한은 가만히 있으면 예루살렘에서 제사장 사가랴의 아들로,

제사장의 가문으로 남을 수 있었다. 오늘날로 얘기하자면 제사장은 5급 공무원 정도 될 것 같다. 가만히 있으면 나라에서 녹이 나오고 당시 사람들이 존경해 주는 그런 인물이 되는 것이었다. 단순 공무원 정도가 아니라 고위 공무원 정도 되는 편한 인생을 살 수 있었다.

그런데 세례요한을 향한 하나님의 부르심은 무엇이었는가? 광야에서 외치는 소리였다. 그가 결국에 어디로 나갔는가? 광야로 나갔다.

세례요한이 순종하여 광야로 나갔을 때 거기엔 아무도 없었다. 그런데 나중에는 세례요한이 메뚜기와 석청을 먹고 가죽옷을 입으며 살았던 그 광야에 사람들이 몰려왔다. 수많은 사람들이 와서 그의 제자가 되기를 원했고 세례요한이 베푸는 물세례를 받았다.

그 당시 세례는 단순히 세례 받는 것을 의미하지 않았다. '내가 당신의 제자가 되겠습니다!'라는 뜻까지 담겨 있었다. 죄를 회개하는 의식도 있지만 그 공동체 속에서 함께 하겠다는 헌신을 의미했다.

왜 사람들이 광야로 왔을까? 그건 비전의 사람 요한이 광야에 있기 때문이다. 여러분에게 비전이 있으면, 외딴 섬에 가도 사람들이 몰려온다.

나는 캐나다에서 성서학을 공부하고 박사 과정을 들어가기 전에 갑자기 한국으로 들어오게 되었다. 건강한 교회를 찾다가 대구동신교회에서 영어예배를 5년 동안 섬겼다. 그 후에 청년부를 5년간 섬겼다. 하나님이 비전을 주셔서 청년부 사역을 시작하였고 청년부가 부흥하였다. 그러자 사람들이 대구로 탐방을 왔다. 한 달에 65명이 넘게 온 적도 있었다. 너무나 놀라운 일이었다.

처음에 한국에 들어온 이유는 청년 사역을 하기 위해서였는데, 웬일인지 청년사역의 문이 안 열렸다. 영어예배를 5년 동안 섬기면서도 이해가 안 갔을 뿐더러 외국인들과는 아무리 함께 해도 정서가 안 맞았다. 아이들의 영어를 위해서 한국어도 잘 쓰지 않았다(한국어를 안 써야 아이들이 영어를 쓰니까 일부러 그랬다). 그러니 아이들도 내가 정말 한국인인지 헷갈려했다. 어떤 때는 아이들이 와서 한국 이름을 한번 말해보라고 할 때도 있었다. "김·영·한"이라고 또박또박 말해주었는데 대구 사투리가 아니라고 그걸 외국인 발음으로 알아들었다. 서울 표준말이 외국인 발음처럼 들렸나보다. 그러면 아이들이 "저 봐! 외국인이잖아."라고 말하곤 했었다.

이런 아이들을 보면서 '내가 여기서 무엇을 하고 있나?' 그런 생각을 했었는데 하나님은 5년 동안을 그냥 잠잠히 두셨다. 그 시간 동안 나는 좀 더 책을 보고, 좀 더 영어공부를 하고, 아이들을 모아서 비전트립을 갔다. 그런데 이 시간이 나중에 청년 사역하는데 아주 큰 도움이 되었다. 아이들과 비전트립을 갔던 것, 교육과 훈련 했던 것, 다 청년 아포슬에서 사역하는데 밑거름이 되었다.

중국 동부 지역에 '모소(Moso)'라는 대나무가 있다. 이 대나무는 심은 후 처음 4년 동안은 3cm 정도 되는 죽순만 겨우 보이고 거의 자라지 않는다고 한다. 그러면 혹시 죽어버린 게 아닌가 싶어서 캐내고 다른 것을 심고 싶은 유혹이 생기지만, 꾹 참고 기다려야 한다. 그리고 4년 동안 정성을 들이며 자라지도 않는 죽순에 물을 주고 가꾼다.

그렇게 꾸준히 가꾸다보면 5년째 되는 날, 드디어 놀라운 일이 시작된다. 4년 동안 3cm에 머물렀던 모소 대나무가 하루에 30cm씩 자라기 시작하는 것이다. 더 놀라운 일은 그 후 6주 만에 평균 15미터 이상의 높이로 성장하게 된다는 것이다. 그렇게 모소 대나무는 하루에 30cm씩 6주간 폭풍 성장을 하여 곧 엄청난 대나무 숲을 이루게 된다. 모소 대나무의 엄청난 성장을 보고 사람들은 궁금했다. 그렇게 오랫동안 자라지도 않던 나무가 어떻게 갑자기 어마어마한 크기로 자라날 수 있는가?

물론, 그 비밀은 땅 속에 있었다. 모소 대나무의 뿌리가 수천 미터를 뻗어나가 있었던 것이다. 모소 대나무는 4년 동안 보이는 쪽이 자라지 않았을 뿐, 보이지 않는 쪽은 계속 자라고 있었다. 6주간 15미터를 크기 위해 지난 4년간 보이지 않는 땅 속에서 뿌리를 키우고 있었던 것이다.

우리의 인생도 그렇다. 하나님이 여러분에게 비전을 주셨고 비전을 받았다. 그런데 눈앞에 펼쳐지는 것이 아무 것도 없을 수 있다. "하나님! 비전을 주셨지만 보이는 것이 없어요. 이 모양이에요. 내가 무엇을 할 수 있겠어요? 안돼요. 안 돼!" 거기에 주변 사람들 또한 한 몫 거든다. "너는 안 돼! 그렇게 인생 살아서는 안 돼! 네가 그 곳에 가서 무엇을 할 수 있겠어? 안 돼! 안 돼!"

나도 안 되는 줄 알았다. 5년 동안 영어예배 사역하면서 '나는 이것을 하려고 한국 들어온 것이 아닌데… 여기서 계속 있어야 하는 것인가? 이건 아닌데….' 때때로 그렇게 절망하기도 하였다.

그런데 그 5년이라는 시간이 안 보이는 곳에서 뿌리를 내리는 기간이었다. 5년이 없었다면 언제 책을 봤겠는가? 그 5년이라는 세월이 없었으면 언제 영어로 설교하고, 통역도 하고 해외에 가 보았겠는가? 언제 쉼을 가졌겠는가?

그런 시간이 있은 후에 하나님은 내게 청년부 사역을 맡겨주셨다. 정말 책 볼 시간 없고, 사람 만나기 바쁘고, 대외적인 활동하고, 여러 사람들을 돌봐야만 했다. 그 5년이라는 시간은 하나님께서 내게 허락하셔서 준비하고 뿌리내리는 시간이었다.

우리 인생에 있어서도 이런 시간이 5년이 될 수도 있고, 10년이 될 수도 있다. 열매가 없는 듯한 삶을 살 수 있다. 하나님께서 비전을 분명히 주셨지만 열매가 안 보인다. 열매는 고사하고, 나뭇가지와 푸르른 잎사귀도 없는 것 같다. 그런데 그것이 비전을 이루는 사람에게는 꼭 거쳐야 할 필요한 기간이다. 하나님은 우리가 주님만 의지하고 동행하도록 우리에게 꼭 이런 기간을 주신다.

세례요한이 그 화려한 예루살렘을 놔두고 광야로 갔을 때 무엇을 느겼겠는가? 그 황량한 들판에서 무엇을 느꼈을까? '아! 난 망했다. 사람도 없고, 할 것도 없고. 이 더위에….'

사막은 더운 곳이지만 밤에는 의외로 춥다. 심지어 낮에도 동굴에 있으면 엄청 춥다. 그런 곳에서 더위와 추위를 견디면서 세례요한은 준비되었다. 하나님께서 세례요한을 먼저 보내시고 나중에 사람들을 보내셨다. 그리고 하나님은 그를 그 시대를 이끄는 사람이 되게 하셨다.

비전을 성취하기 위해 때로는 내 생각을 접어야 한다. 그리고 하나님의 때에 하나님의 일을 하기 위해서 묵묵히 모소 대나무처럼 보이지 않는 땅 밑으로 뿌리를 내려야 한다.

비전이라는 것이 하늘에서 오지만 비전의 열매는 하늘에서 그냥 뚝 떨어지는 것이 아니다. 땀과 눈물로 일구어야 한다. 처음부터 열매를 바라는 것이 아니라 지금 주어진 씨를 심고, 물을 주고, 기다려야 하는 것이다. 그리하여 나중에 실하고 좋은 열매를 주님께 올려드리는 것이다. 착각하면 안 된다. 비전을 이루는 것과 결혼하는 일이 내가 가만히 있는데 저절로 되는 게 아니다. 책을 쓰기 위해 금요일 밤 기도회를 마치고, 피곤한 몸을 이끌고 커피숍에 가서 글을 더 쓰곤 했다. 그러나 그렇게 피곤한 일상을 살아야 비전의 열매를 볼 수 있다. 결혼도 그렇고, 다른 일도 그렇다.

학교생활 혹은 직장생활이 하나님의 나라와 비전과 상관없는 것이 아니다. 삶의 모든 분야가 다 하나님의 나라와 비전과 연관되어 있다.

여러분이 지금 가정에 있던, 새로운 가정을 꾸리던, 학교에 있던, 직장에 있던, 그냥 혼자 있던지 그 모든 것에 있어서 밀접한 관계가 있다.

로켓은 방향이 없으면 엉뚱한 곳으로 간다. 또한 엔진이 없고, 화력을 뿜어내지 않으면 로켓은 절대 올라가지 않는다. 마찬가지이다. 비전에 방향이 없고, 비전에 대해서 노력하고 있지 않는다면 우리는 절대 열매를 볼 수 없다. 그리고 우리의 비전이 하늘로 뜨려면, 땀, 눈물, 피 나는 노력, 열정 등의 연료가 필요하다.

각자 하나님께서 주신 깨우침이 있는가? 하나님께서 결단하게 하신 것이 있는가? 하나님께서 알게 해 주신 것이 있는가?

"하나님! 저에게 주신 비전을 알게 하시고, 하나님의 비전을 향해 날아가게 하시고, 하나님 나라를 위해 살아가는 인생 되게 하여 주시옵소서!" 이렇게 간구하며 나아가야 한다.

가지치기와 비전

비전을 이루기 위해서 우리는 모든 것을 올 인(All in)해야 한다. 올 인(All in)은 다 알다시피 가지고 있는 모든 것을 거는 것이다. 이렇게 하기 위해서는 가지치기를 해야 한다. 지금 우리 삶에서 가지치기를 하여 불필요한 것들을 다 잘라내야 한다.

영성가 조나단 에드워즈는 집중할 것에 더 집중하고, 하지 않아야 할 것을 가지치기하기 위해서 70개의 결단문을 적었다. 젊을 때부터 계속 결단하며 선포하였다.

〈조나단 에드워즈의 70 가지 결심문〉

1. 나의 전 생애 동안 하나님의 영광과 나 자신의 행복과 유익과 기쁨에 최상의 도움이 되는 것이면 무엇이든지 하자. 지금 당장이든지 아니면 지금부터 수많은 세월이 지나가든지 간에 시간은 전혀 고려하지 말자. 내가 해야 할 의무와 인류 전체의 행복과 유익에 최상의 도움이 되는 것이면 무엇이든지 하자. 내가 부딪히게 될 어려움이 무엇이든지 간에 또한 그 어려움이 아무리 많고 크다 할지라도 그렇게 하자.

2. 전에 언급한 사항을 잘 지키기 위해 도움을 주는 어떤 새로운 수단이나 방법을 찾기 위해 계속적으로 노력하자.

3. 혹시라도 내가 넘어져 점점 무감각해져서 이 결심문 중의 어떤 내용을 지키지 못하게 된다면, 다시 제정신이 돌아왔을 때 내가 기억할 수 있는 모든 것들을 회개하자.

4. 하나님의 영광에 도움 되는 것이 아니면 영혼에 관계된 것이든지 육체에 관계된 것이든지 또는 적든지 많든지 간에 어떤 것이라도

절대로 하지 말자. 만일 내가 그런 일을 피할 수 있다면 피하자.

5. 한 순간의 시간도 절대로 낭비하지 말고 그 시간을 가능한 한 최대로 유익하게 사용하자.

6. 내가 살아있는 동안 힘껏 살자.

7. 만일 내 생애의 최후 순간이라고 가정했을 때, 하기가 꺼려지는 것이면 절대로 하지 말자.

8. 모든 면에서, 즉 말과 행동에 있어서 아무도 나처럼 그렇게 악하지는 않는 것처럼, 또한 내가 다른 사람과 똑같은 죄를 범하고, 똑같은 잘못과 실수를 범한 것처럼 행동하자. 다른 사람의 실패를 나 자신의 잘못을 살피는 계기로 삼고, 나의 죄와 비참을 하나님께 고백하는 기회로만 삼자.

9. 매사에 나의 죽음과 죽고 난 뒤에 무슨 일이 일어날 지에 대해서 많이 생각하자.

10. 고통스러울 때는 순교의 고통과 지옥의 고통을 생각하자.

11. 해결해야 할 어떤 신학원리가 있을 때, 만일 상황이 방해하지만 않는다면 그 문제 해결을 위해 내가 할 수 있는 것을 즉시 하자.

12. 만일 내가 교만이나 허영이나 이런 것들을 만족시키기 위해서 어떤 것을 좋아하고 있다면 즉시 그런 것들을 버리자.

13. 도움과 사랑을 꼭 받아야 할 사람이 누구인지를 찾기 위해 노력하자.

14. 절대로 복수심을 가지고 어떤 일을 하지 말자.

15. 비이성적인 인간에게는 아무리 사소한 화라도 내지 말자.

16. 절대로 다른 사람을 비방하지 말자. 그렇게 하는 것은 다른 사람을 불명예스럽게 하는 것이며, 실제로 아무런 유익이 없기 때문이다.

17. 내가 죽게 되었을 때, '그 일을 했었으면 좋았을 텐데'하고 바라는 것처럼 그렇게 살자.

18. 내가 최고로 헌신한 상태일 때, 그리고 내가 복음과 천국에 대해서 가장 분명한 생각을 가지고 있을 때, 그때 내가 최선이라고 생각하는 것처럼 언제나 그렇게 살자.

19. 마지막 나팔 소리를 듣기 전, 최후의 한 시간도 남지 않았을 때라고 가정하고 그 때 하기가 꺼려지는 것은 절대로 하지 말자.

20. 먹고 마시는 것은 엄격하게 절제하며 살자.

21. 다른 사람이 하는 행동 가운데 내가 판단하거나 생각하기에 경멸받을 만한 행동이나 비열한 행동이라고 생각되는 것은 절대로 하지 말자.

22. 내가 생각할 수 있는 그리고 내가 할 수 있는 모든 나의 힘, 능력, 활력, 열심, 적극성을 다하여 가능한 한 천국에서 많은 행복을 누릴 수 있도록 노력하자.

23. 하나님의 영광을 위해서 하는 일이 아닌 것 같이 생각되는 일을

할 때는 매우 신중하게 행하자. 그리고 그 일의 원래 의도와 계획과 목적이 무엇인지 원인을 파악하자. 만일 그 일이 하나님의 영광을 위한 것이 아니라는 것을 알게 되면 그 일을 '결심문 4'를 어기는 것으로 간주하자.

24. 내가 어떤 현저한 나쁜 행동을 할 때마다 그 원인이 무엇인지를 철저하게 추적하자. 그런 다음 더 이상 그런 행동을 하지 않도록 조심하자. 또한 나쁜 행동의 원인이 되는 것과 내 힘껏 싸우도록 하자.

25. 하나님의 사랑을 의심하게 만드는 일이 무엇인지를 조심스럽고도 지속적으로 찾아내자. 그런 다음 내 모든 힘을 다해 그것과 싸우자.

26. 내 구원의 확신을 약화시키는 것들을 발견하면 버리자.

27. 절대로 고의로 어떤 일을 태만하게 하지 말자. 하나님의 영광을 위한 태만은 예외지만, 자주 내 태만을 점검하자.

28. 성경을 아주 꾸준하게 지속적으로 자주 연구하자. 그렇게 해서 깨닫고, 쉽게 이해한 지식을 바탕으로 자라가자.

29. 절대로 하나님께서 응답해 주실 것이라고 바랄 수 없는 것을 기도라고 생각하거나, 기도로 인정하거나, 기도의 간구라고 하지 말자. 또한 하나님께서 받아주실 것이라고 바랄 수 없는 것을 죄 고백이라고 생각하지 말자.

30. 지난주보다 신앙과 은혜를 실천하는 삶이 더 나아지도록 매주 노력하자.

31. 결코 다른 사람을 비판하는 어떤 말을 하지 말자. 그러나 성도의 명예를 크게 실추시키거나, 인류에 대한 사랑을 깊이 저해하는 것에 대한 비난은 정당하다.

32. 잠언 20장 1절에 '충성된 자를 누가 만날 수 있으랴'라고 기록된 것이 나에게 해당하는 말이 되지 않도록 분명하고도 확실하게 내 신념에 충실하자.

33. 다른 면에서 지나친 손해가 생기지 않는다면 언제나 평화를 만들고 평화를 유지하고 평화를 지키는 방향으로 내가 할 수 있는 것을 하도록 하자.

34. 이야기하면서 어떤 사실에 대해서 말할 때는 반드시 참되고 단순한 진실만을 말하자.

35. 내가 지킨 의무에 대해서 의심이 많이 생길 때마다 그 일로 내 마음의 고요함과 평안함이 깨어지면 의문 사항들을 기록하고 그 의문을 풀 수 있는 방법을 강구하자.

36. 어느 누구에 대해서도 나쁘게 말하지 말자. 단 그렇게 하는 것이 잘했다고 말할 수 있는 어떤 특별한 경우는 예외다.

37. 매일 밤 잠자리에 들기 전 내가 게으름을 피웠는지, 내가 무슨 죄를 지었는지, 내가 자신을 부인했는지 등에 대해서 자문해 보

자. 또한 매주 말, 매월 말, 매년 말에도 그렇게 하자.

38. 일에는 절대로 농담이나 우스갯소리를 하지 말자

39. 절대로 합법성에 의문이 많이 제기되는 일을 하지 말자. 동시에 그런 일을 하고 난 후에는 그 일이 합법적인 것인지 아닌지를 생각하고 조사하자. 또한 만일 내가 어떤 일을 하지 않는 것이 합법적인가에 대해 의문이 제기되는 일도 마찬가지다.

40. 매일 밤 잠자리에 들기 전에 먹고 마시는 일에 있어서 내가 할 수 있는 최선을 다했는지 자문해보자.

41. 매일, 매주, 매달, 매해의 마지막에 어떤 면에서 더 낫게 행동할 수 있었는데 그렇지 못했던 것이 있었는지에 대해서 자문해 보자.

42. 세례 받을 때 하였고, 성찬식 할 때 진지하게 하였던 하나님께 대한 헌신을 종종 새롭게 하자. 그리고 오늘 1월 12일 나는 진지하게 하나님께 대한 헌신을 새롭게 하였다.

43. 오늘부터 죽을 때까지 내 인생이 나의 것인 양 행동하지 말고 전적으로 그리고 완전히 하나님의 것인 양 행동하자. 토요일에 깨달은 것과 일치하게 행동하자.

44. 다른 어떤 목적도 아닌 신앙만이 나의 행동에 영향을 미치도록 하자. 신앙적인 목적이 아니라면 어떤 환경 속에서도 행동하지 말자.

45. 신앙에 도움 되는 것이 아니면 그 어떤 것에도 절대로 쾌락이나 고통, 기쁨이나 슬픔 등을 느끼지 말자. 어떤 감정도, 조금의 감정도 품지 말자. 그리고 그런 것과 관련된 어떤 환경도 만들지 말자.

46. 부모님에게 어떠한 걱정이나 심려도 끼쳐 드리지 말자. 가능한 한 말이나 눈동자에 전혀 내색을 하지 않도록 해서 그런 결과가 생기지 않도록 하자. 그리고 특히 가족 중의 누구에 대해서도 존경심을 가지고 그렇게 하도록 조심하자.

47. 최선의 노력을 다해서 선하고, 보편적으로 부드럽고, 친절하고, 조용하고, 평화롭고, 만족하고, 편안하고, 자비롭고, 관용적이고, 겸손하고, 온유하고, 순종적이고, 의무를 다하고, 부지런하고 근면하며, 자애롭고, 침착하고, 인내하고, 절제하고, 용서하고, 진지한 성품에 도움 되지 않는 것이라면 무엇이든지 하지 말자. 그리고 항상 이러한 성품이 되도록 하자. 그리고 매 주말마다 내가 그렇게 실천했는지 여부를 엄격하게 점검하자.

48. 내가 참으로 그리스도에 대해서 관심을 가지고 있는지 그렇지 않는지를 알기 위해서 그리고 내가 임종의 순간에 이 문제에 대해서 회개할 무관심의 죄를 조금도 짓지 않도록 하기 위해서 지속적으로 아주 세밀하고도 부지런하게 그리고 가장 엄격하게 내 영혼의 상태를 조사하도록 하자.

49. 만일 내가 잘못을 저지르지 않을 수만 있다면 절대로 그런 잘못을 하지 않도록 하자.

50. 내가 내세에 들어갔을 때, 그렇게 한 것이 최선이었고, 가장 지혜로운 것이었다고 판단하게 될 것처럼 그렇게 행동하도록 하자.

51. 죽을 때 내가 뒤를 돌아보면서 '이런 일을 했으면 좋았을 텐데'하고 생각하는 것처럼 모든 면에서 그렇게 하자.

52. 나는 종종 노인들이 자기가 인생을 다시 살 수만 있다면 어떻게 살겠다고 말 하는 것을 듣게 된다. 그러므로 내가 노인이 되었다고 가정했을 때, 그때 가서 '내가 이런 일을 했으면 좋았을 텐데'하고 생각되는 바로 그런 일들을 하자.

53. 내가 가장 기분이 좋은 상태일 때 모든 기회를 이용해서 내 영혼을 주 예수 그리스도께 던지고 맡기자. 주님을 신뢰하고 의뢰하자. 완전히 주님께 헌신하자. 이로써 내가 나를 구속하신 구원자를 앎으로 내 구원의 확신을 가질 수 있을 것이다.

54. 어떤 사람을 칭찬하는 내용을 들을 때마다 나도 그런 칭찬 받을 만한 일을 해야 되겠다고 생각되면 그 일을 본받도록 노력하자.

55. 이미 천국의 행복과 지옥의 고통을 맛 본 사람처럼 행동하도록 최선을 다하자.

56. 아무리 내가 실패하더라도 내 안에 있는 부패와의 싸움을 절대

로 포기하지도 말고 조금도 긴장을 풀지도 말자.

57. 불행과 불운에 대한 염려가 생길 때, 내 의무를 다했는가를 돌아보고 의무를 다 하도록 결심하자. 그리고 그런 사건들이 일어난 것은 하나님의 뜻이라고 생각하자. 할 수 있는 한 나는 내 의무와 내 죄에 대해서만 관심을 가지자.

58. 대화를 나눌 때 불쾌하거나 초조하거나 화를 낸 표정을 짓지 말고 사랑스럽고 즐거우며 친절한 모습을 보이도록 하자.

59. 나쁜 성질과 분노가 가장 많이 치밀어 오르려고 할 때, 가장 많이 노력해서 좋은 성격이 드러나도록 행동하자. 그렇다. 그럴 때 비록 다른 측면에서 불이익이 있을 수도 있고, 다른 때는 경솔하게 될 때도 있다고 생각하지만 좋은 성격을 드러내도록 하자.

60. 감정이 극도로 불안정하게 되기 시작할 때마다 내 마음속에 아주 불편한 마음이 생기거나 감정이 밖으로 일관성 없이 표출될 때는 내 자신을 엄격하게 검사해 보자.

61. 핑계가 무엇이든지 간에—사실 게으름은 핑계 거리를 만들도록 하는 경향이 있지만— 신앙에 온전하게 집중하지 못하도록 내 생각을 흐트러뜨리고 풀어지게 하는 게으름에 빠지지 않는 것이 최선이다.

62. 결코 어떤 일을 의무감으로만 하지 말고, 에베소서6:6-8에 따라서 기쁘고 자원 하는 마음으로 주께 하듯 하고, 사람에게 하듯

하지 말자. 어떤 사람이 어떤 선한 일을 하든지 간에 그는 주께로부터 그대로 받을 것이라는 것을 알자.

63. 어떤 순간에도 모든 측면에서 인격의 어떤 부분이나 어떤 환경 하에서도 언제나 성도다운 참빛을 비추며, 탁월하고 사랑스럽게 행동하는 참으로 완벽한 성도가 세상에 단 한 명 있다고 가정할 때, 만일 내가 그 한 사람이 되기 위해 내 힘껏 노력한다면 그렇게 될 수 있을 것처럼 행동하자.

64. 바울 사도가 말하는 '말할 수 없는 탄식'과 시편 기자가 시편 119:20에서 말하는 '주의 규례를 항상 사모하는 마음'이 내 안에 있는 것을 발견하게 되면, 있는 힘을 다하여 이것들을 향상시키도록 하자. 또한 나의 소원을 아뢰기 위해 간절히 노력하는 것이 약해지지 않도록 그리고 그러한 열심을 반복적으로 내는 것이 약해지지 않도록 하자.

65. 전 생애 동안 이것을 있는 힘을 다해 연습하자. 즉 맨톤 박사의 시편 119편 설교에 따라 내가 할 수 있는 최대한 열린 마음을 가지고 나의 모든 죄와 유혹과 어려움과 슬픔과 두려움과 희망과 소원 그리고 모든 것과 모든 상황 속에서 나의 길을 하나님께 맡기면서, 나의 영혼을 하나님께 열어 놓자.

66. 어느 곳에서나, 어느 누구에게나 말이나 행동에 있어서 항상 친절한 태도와 분위기를 유지하기 위해 노력하자. 의무상 다르게

행동해야 할 때는 예외다.

67. 고난 후에는 고난으로 인해 내가 더 나아진 점이 무엇인지, 어떤 유익을 얻었는지, 또한 무엇을 얻을 수 있는지를 묻도록 하자.

68. 약점이든지 죄이든지 간에 내 안에서 발견되는 모든 것을 나 자신에게 솔직히 고백하자. 만일 그것이 신앙에 관련된 것이면 모든 것을 하나님께 고백하고 필요한 도움을 간구하자.

69. 다른 사람이 하는 것을 볼 때, 나도 저렇게 했으면 하는 것들을 항상 행하도록 하자.

70. 내가 하는 모든 말이 다른 사람들에게 유익이 되도록 하자.

조나단 에드워즈는 "나는 완벽한 인간이 되겠다."라고 말하였다. "이 세상에 완벽한 크리스천이 있다면 그건 나이면 좋겠다." 이렇게 얘기할 정도로 결심했다.

나는 조나단 에드워즈를 보면서 어떻게 인간에게 이런 완벽함을 요구할 수 있을까 궁금했었다. 그런데 하나님께서 성경에 "내가 완전하니 너희도 완전하라(I'm perfect. You have to be perfect)"고 말씀하신 것을 보고 깜짝 놀랐다. 인간에게 'perfect'(완벽)이라는 단어를 성경이 사용하고 있었다.

조나단 에드워즈는 "내가 인간이지만 내가 하나님 앞에서 내가 정결하고 싶고 거룩하고 싶고 온전하고 싶은데 나의 목표는 이 세상에 가장 완벽한 인간이 있다면 바로 그는 바로 내 자신이 되고 싶다."고 고백하고 그렇게 살려고 하였다. 우리도 주님 앞에 결심을 하면서 살아야 한다. 특별히 비전을 이루기 위해 어떻게 살아야 할지 계속 결단하면서 삶을 살아 내야 한다.

21
시간과 비전

우리는 지금 어디 즈음에 와 있으며 몇 살까지 살까?

인생의 시계 <인생시간 계산법>

인생시간 계산법은 우리의 인생을 하루로 환산한다. 그래서 지금 나의 나이는 하루 시간의 어디쯤에 해당하나 실감할 수 있게 하는 계산법이다.

그럼 우리의 인생을 하루로 환산해 보자! 우선 하루는 24시간 =

1,440분이다. 그렇다면 우리의 인생은 몇 년을 잡으면 될까? 의학의 기술이 나날이 발전하고 있지만 일단 80세를 우리 인생의 기간으로 보고, 분을 80년으로 나누면, 즉 인생시간 계산법에서 1년은 18분과 같다.

그럼 24시간 중 나 자신이 어디에 있을지 알아보자! 방법은 간단하다. 나이 곱하기 18을 하면 인생시간이 나온다.

시간단위로 바꿔보면 이렇다.

20세는 오전 6시

24세는 오전 7시 12분

27세는 오전 8시 6분

33세는 오전 9시 54분

40세는 낮 12시

60세는 저녁 6시

인생을 80세까지 산다고 가정했을 때 아무런 계획이 없이 살다가 간다면 여러분도 불행하고 주위에 있는 사람도 불행하게 만든다. 지금 명확히 무엇을 할 것인지 방향을 잡고 무엇을 위해 살아갈지 알아야 한다. 나 자신의 비전을 위해서 희생해야 한다면 마땅히 대가를 지불해야 한다.

그랬을 때 인생에 후회가 없다. 40대가 되면 인생이 보이고, 50대-60대가 되면 은퇴할 때가 보인다. 몇 년 만 더 이렇게 일하면, '곧 은퇴할 때가 되겠구나….'라는 그림이 그려진다. 40대 중후반인 나는 목회를 많이 해봤자 20년, 더 한다면 25년을 섬길 수 있다. 은퇴 전까지 나에게 몇 년이 남았는지 생각하며 산다. 그래서 뛰어다닌다. 시간이 얼마 남지 않아서. 그렇다. 사실, 인생이 굉장히 긴 것 같은데, 그렇지 않다. 그래서 새벽부터 늦은 밤까지 아낌없이 뛴다.

우리가 생각할 때 평생 일 할 것 같지만 그렇지 않다. 자신이 지금 30대라면 정년을 생각해 볼 때 일 할 수 있는 기간은 40년이 채 안 되는 것이다. 남은 시간이 많지 않음을 안다면 무엇을 해야 할지를 알고, 그 일에 집중해야 한다. 그렇지 않으면 아무 것도 이루지 못하고, 나중에 엄청난 후회를 하게 될 것이다.

그 시간 속에 What, How, Why? 해야 하는지 답이 있어야

'내가 무엇을 해야 할까? 어떻게 해야 할까? 왜 해야 할까?' 이런 질문에 답을 하지 못한다면 시간 사용에 있어 비효율적으로 사용할 수밖에 없다.

전체 비전과 그 방향이 불명확하다면 우리에게 주어진 구체적인 하루 동안에 명확한 삶을 살 수 있을까? 그러므로 우리는 예배를 드리고 하나님 앞에 여쭈어 보는 것이 필요하다. 나 자신의 지혜만으로는 알 수 없으며 모든 인생의 문제를 다 헤쳐 나갈 수 없다.

시간 사용에 있어서 "하나님 제가 누구를 만나야합니까? 무엇을 해야 합니까? 어디에 어떻게 내가 준비 되어야합니까?" 이것을 계속해서 여쭈어 봐야 한다.

내비게이션을 켜고 가야

아는 길을 가는데도 내비게이션을 켜고 가는 사람이 있다. 지혜로운 것이다. 아는 길이라도 다른 생각을 하다가 놓칠 때가 있는데, 내비게이션을 켜면 계속 이야기를 해 준다. 100m 후에 오른쪽으로 턴하라고 한다. 교통법규 카메라가 있으니 속도를 줄이라고 말을 해 줘서 과속을 하지 않게 된다. 졸리면 쉬고 가라는 메시지도 전해준다.

비전을 이루는 사람은 삶의 구체적인 순간마다 하나님의 뜻을 따라 살아야 한다. 그냥 아무 길이나 마구 가고, 되는대로 사람을 만나는 것이 아니라 하나님의 뜻을 구해야 한다. 마치 내비게이션을 확인하고 길을 찾듯이 일상의 삶 속에서 주님의 뜻을 읽으며 나아가야 한다. 그럼 우리는 어떻게 하나님의 뜻을 알 수 있을까? 기도하는 것이다. 기도할 때 하나님께서는 방향을 제시해 주시고 무엇을 해야 할지 깨닫게 하신다.

기도드릴 때 답을 주시는 하나님

앞서 말했듯이 하루는 새벽기도를 하던 중에 시간을 줄이기 위해서 강의와 설교하는 자료를 다 모아야 한다는 생각이 떠올랐다. 그 인사이트(insight) 하나가 내가 책을 쓰는데 있어 상당한 도움이 되었다. 2017년 책을 쓰기 시작하여 1년 동안 10권의 책을 썼다. 어떻게 이 일이 가능하였는가? 기도하면서 받은 메시지대로 자료를 모으고 업데이트를 했기 때문이다. 이 작업을 통해 더 깔끔한 설교, 더 풍성한 교육과 훈련을 만들어 갈 수 있었다. 이제는 페이스북 Next 세대 Ministry 창을 통해 자료를 나누어 줄 수 있게 되었다.

대구동신교회에서 사역할 때 만든 청년사역 매뉴얼을 3천 5백 명의 신청자들에게 나누어 주었다. 영어예배부를 섬기며 모은 영어 설교들, 영어 방과 후 기획안들, 주보 자료들, 설교 PPT, 영어기도 등을 4천 명에게 나누었다. 다음 세대 양육교재 지침서 및 가이드북을 3천 6백 명에게 공유했다. 각종 기획안을 신청자 5천 5백 명에게 나누었다. 결혼식 설교들과 장례식 설교들 그리고 전문 디자이너가 디자인 해 준 예식서들을 간편하게 각 교회에서 뽑아 쓰도록 2천 명이 넘는 교역자들에게 공유를 하였다.

자료를 나누고 공유하는 이유는 그 시간을 아껴서 사역에 더욱 집중하기를 바라는 간절한 마음에서다.

하나님께 기도하며 삶의 방향을 점검하고 하나님의 뜻을 따라가면서 동시에 시간을 아끼고 지혜롭게 사용해야 한다.

Timing 잡기

준비할 타이밍과 일할 타이밍을 잘 잡아야 한다. 때를 잘못 잡으면 나도 고통스럽고 다른 사람도 고통스럽다. 고름을 짤 때도 타이밍을 잘 잡아서 짜야 한다. 잘 곪았을 때 짜면 덜 아프고 상처가 크게 남지 않는다. 그런데 아직 곪지도 않았는데 짜서 터트리려고 하면 엄청나게 아프면서 피까지 보게 된다.

우리의 시간과 비전도 똑같다. 어떤 때는 그냥 가만히 놔둬야 한다. 어느 때가 될 때까지 가만히 놔두다가 마침내 그 때가 됐을 때 탁 터뜨려야 한다.

비전이라는 것도 여러분이 준비할 때는 가만히 기다려야 한다. 고통스럽지만 준비 할 때 뭔가를 이루려고 발버둥치기 보다는 견디어야 한다. 타이밍을 보고 기다려야 한다. 그 기간까지는 묵묵히 기다려야 한다.

공부할 때, 배우는 모든 것, 매 순간이 즐겁기만 할까? 그렇지 않다. 고통스럽다. 무르 익어가고 터질 때까지 어느 기점이 올 때까지는 재미가 없다. 영어 단어를 외우고, 문법을 공부하고, 발음을 연습해야 한다. 그러나 재미가 없다. 그런데 어느 순간 외국인과 대화가 되기 시작하고 너무나 즐겁고, 재미있어진다. 그런 단계가 될 때까지 묵묵하게 준비해야 한다.

기회와 찬스를 살려야

우리 인생에 준비하자마자 형통한 경우는 드물다. 어느 정도 준비하는 기간을 거친 후에야 탁 터져 나온다. 그 때를 기다리지 못하고 포기하는 사람이 많아서 안타깝다. 누구에게나 기회는 주어진다. 바로 그 때, 그 기회를 잡을 수 있도록 기다리며 성실히 준비해야 한다. 준비된 사람만이 기회를 잡는다. 준비됨과 동시에 오는 기회를 잡을 수 있는 결단력이 있어야 한다.

"결혼할 때에도 때를 잡아라! 창업 할 기회를 놓치지 말아라! 유학 갈 기회, 휴학하고 자신을 돌아보고 성숙 시킬 찬스를 이용하라!" 오는 기회를 놓치지 말아야 한다.

결정 장애가 있는 듯한 사람이 있다. 이런 사람들은 결정을 내리지 못하고 망설이기만 한다. 어떤 지체들은 나에게 결혼할 날을 미리 잡아 달라고 해서 실제로 잡아 주기도 한다. 비전에 있어서도 이런 문제가 있는 지체들이 있다. 하나님께서 비전을 알려 주시고, 갈 길을 다 보여 주시고, 다 이루어 주시는 것으로 생각하는 사람들도 있다. 하나님이 비전을 깨닫도록 도와주시지만 그것을 깨닫고 알아가는 과정은 자신의 일이다. 또 그 비전을 품고 단계적으로 노력하고 그 비전을 향해 살아가는 것 또한 자신의 몫이다. 노력 없이 저절로 이루어지는 게 아니다. 자신의 비전을 안다는 것만으로 비전이 저절로 성취되지 않는다.

하나님은 길을 제시해 주신다. 그러나 어떻게 걷느냐는 자신의 몫이다.

"하나님! 왜 이 길을 주셔서 저를 고생하게 만들고, 열매도 없게 하시고. 하나님 책임이잖아요!"라는 말은 그래서 잘못된 것이다.

하나님이 주신 배우자를 만났다고 이상적인 결혼 생활이 보장되는 게 아닌 것처럼 내게 비전이 있다고 해서 비전 스스로 열매를 맺는 게 아니다. 열매는 노력의 결실이다.

우리에게 주신 자유의지와 자유

하나님은 우리에게 '자유의지'(Free will)를 주셨다. 우리에게는 선택할 수 있는 자유가 있다. 자유가 있다는 건 행복한 일이지만 자유를 소유했기에 책임이 뒤따른다.

아담과 하와는 그 자유의지를 잘못 사용하여 선악과를 따 먹고 말았다. 즉 잘못된 선택을 했다는 것이고 이는 축복을 받을 기회와 권리를 스스로 잘라내는 결과를 가져왔다.

우리에게도 주님은 자유의지를 주셨다. 그 자유로 타락할 수도 있고, 그 자유로 비전의 선악과를 온전히 키우고, 그 열매를 주님께 드리며 자신도 그 열매를 누릴 수 있다.

"하나님이 다 계획하셨어요, 다 진행하셨어요." 이런 것이라면 하나님이 다 하셨는데 하나님께서 다 하시고선 직접 영광 받으실 필요는 무엇이며 인간이 존재할 이유는 무엇인가? 하나님께서 모두 다 하신다면 우리는 그저 로봇 밖에 안 된다. 결혼도 마찬가지고 비전을 추진해 가는 것도 마찬가지이다.

그래서 결혼할 때 "나 올해 안에 결혼한다!", "혹 10년 뒤에 한다!" 명확한 시점을 잡는 것이 필요하다. 그냥 막연히 "언젠가는 결혼할거야! 언젠가는 사업을 시작하겠지! 언젠가는 비전이 이루어지겠지!"라고 말하는 것은 사실 좋은 믿음의 고백이 아니다. 하나님의 일하심을 잘 알지 못한다는 의미이다. 우리는 선택을 하고, 기회를 잡도록 노력을 하고, 그 열매를 올려 드려야 한다.

자신의 울 때를 준비하는 매미

선교사님 한 분이 게스트 하우스에서 주무셨다. 그런데 매미가 엄청나게 울어서 문을 못 열었다고 하셨다. 한 여름에 매미는 대략 1-2주, 길어야 한 달 가량 울고 죽는다. 그런데 매미가 애벌레에서 성충이 되기까지 몇 년 동안 있을까? 2년~7년이다! 애벌레로 2년~7년 동안을 땅속에서 있다가 마지막 성충으로 탈바꿈하기 위해 땅 위로 기어 나온다. 땅 위로 올라와 마지막 허물을 벗고 성충인 매미가 된다. 하지만 땅 위에서의 시간은 길지 않다. 여름 한 때 짧은 시간을 울고 나면 매미는 금방 사라진다. 그 짧은 삶을 위해 매미는 땅 속에서 참 오랜 기간을 보낸다. 여름 날 우렁차게 울어대는 매미를 보면 그렇게 울기 위해 기다리고 준비했던 매미의 시간을 기억하게 된다.

이 땅에서 한 번 사는 인생, 날개를 펴고 비전을 펼치는 데 얼마나 많은 시간을 준비해야 할까? 1-2주에서 길어야 한 달 동안 울기 위해 그토록 오랜 시간을 준비하는 매미처럼 우리도 기회가 왔을 때 잘 감당할 수 있도록 준비해야 한다.

하지만 우리에게 제한적인 시간이 주어졌다는 것을 항상 기억해야 한다.

스타벅스가 잘 되는 이유 중 하나

　스타벅스는 전 세계적으로 잘 나가는 커피브랜드이다. 그런데 한국에서 스타벅스가 잘되는 이유는 조금 다른 것 같다. 사람들의 마음에는 고급 브랜드를 누리고 있는 자신을 과시하고 싶은 욕구가 있다. 스타벅스의 인기는 그런 고급스런 곳에서 먹고, 마시고, 누리고 있음을 보여주고 싶은 소비자의 마음과 맞물려 바람을 탔다.

　그러나 외국의 경우, 스타벅스가 승승장구하게 된 이유는 조금 다르다. 예전 커피점은 그냥 커피를 조금 마시다가 떠나야하는 장소였다. 그런데 스타벅스는 이 커피 마시는 공간을 자기 집처럼 편안하고 오랫동안 사용할 수 있도록 개방해줬다. 다른 패스트푸드점들은 의자가 딱딱해서 오랫동안 앉아있지 못하는데 스타벅스는 분위기가 우아하고, 앉아서 이야기하기에 편한 곳이었다. 집에서처럼 편안하게 커피를 마시면서 대화를 즐기는 카페 문화를 새롭게 만들어 낸 것이다. 이렇게 비전의 사람은 트렌드를 따라 가는 자가 아니라 트렌드를 만드는 자다. 한 때 찜질방이 대 유행한 적이 있었다. 하지만 지금은 거의 사라져 가는 형편이다. 대전에 가니 찜질방이 없어서, 겨우 한 대형 찜질방을 찾아 사장님과 이야기를 나누었다. 요즘은 특성화 된 대형 찜질방만 남아 있다고 한다. 다 망해도 찜질방의 특성만 있고, 잘 운영하면 된다. 그러나 이 또한, 트렌드에 밀리지 않는 특징이 있어야 하는 것이다. 그래서

망하는 트렌드이지만 거기에 휩쓸려 망하지 않는 비결이 있어야 한다.

시간 속 틀과 비전

미국 콜로라도 대학교의 심리학자 엔더스 에릭슨의 논문에서 "일만 시간의 법칙"이란 말이 처음 쓰였다. 말콤 글래드웰이 자신의 저서 〈아웃라이어〉에서 '일만 시간의 법칙'을 사용하면서 널리 알려진 것인데, 의미는 하루에 3시간씩 계속해서 10년 동안 하면 한 분야의 전문가가 된다는 말이다.

그런데, 〈일만 시간의 재발견〉이라는 신간이 나왔다. 안데리스 에릭슨은 하루에 3시간을 보낸다고 잘 할 수 있는 것이 아니라고 말한다. 단순히 하루 3시간을 투자한다고 해서 절대 한 분야에 전문가가 될 수 없다는 것이다. 1시간을 하더라도 제대로 시간을 투자해야 하며 3시간을 투자하더라도 10시간을 투자한 것처럼 제대로 집중하고 약점을 보완하라고 한다. 이렇게 노력해야만 일만 시간이 됐을 때 제대로 된 전문가가 된다는 것이다.

나는 탁구를 좋아한다. 오랜 시간 쳐 와서 웬만하면 사람들과의 경기에서 이기는 실력이었다. 그런데 어느 순간이 되자 실력이 늘지 않고 제자리걸음인 것이다. 그래서 탁구 치는 곳에 가서 등록을 하고, 체계적으로 배웠다.

관장님이 처음에 탁구채 잡는 법부터 가르쳐 주셨다. 그리고 스매싱을 칠 때 호흡을 내 뱉으라고 알려 주셨다. 이전에는 탁구를 손으로 쳤는데 탁구는 발로 치는 것이라고 알려 주셨다. 손을 밑으로 내리고 허리를 돌려서 탁구공에 드라이브를 걸어서 넘기라고 하셨다.

탁구장 가서 엄청나게 많은 것을 새롭게 배웠다. 여태껏 30년 동안 탁구를 쳤는데 잡는 것 자체가 틀렸다는 사실을 그제야 알았다. 그 이후부터 탁구를 칠 때 힘이 덜 들어가게 되었다. 그동안 많은 시간을 투자했지만 늘지 않는 실력의 원인을 알게 된 것이다. 라켓 잡는 그랩, 자세, 호흡 다 틀렸기 때문이었다. 아무리 많은 시간을 투자한들 실력이 늘 수 없었다. 오히려 하면 할수록 내 몸이 다칠 수도 있는 상황이 되었다. 마찬가지다. 우리의 비전도 제대로 잡지 못하면 이룰 수가 없다. 비전을 강하게 잡고 있지만 주님과 기도하는 영적인 호흡이 없어서는 안 된다. 비전의 사람으로 자세와 태도가 낮아야 한다.

주어진 비전을 잘 이루기 위해서는 우리의 자세, 호흡, 태도를 바꾸고 시간을 효과적으로 사용해야 한다. 자세를 바꾸어야 한다. 우리가 앉아있을 때 모든 사람의 자세를 보면 다 다르다. 의사들은 앉아있는 자세만 봐도 이 사람이 앞으로 디스크에 걸릴 것인지 아닌지를 예상할 수 있다고 한다.

그런데 왜 여러분이 그렇게 앉아 있는지 아는가? 그 자세가 여러분에게 딱 고정되어있는 가장 편한 자세이기 때문이다. 그러나 잘못된 자세를 계속해서 유지하고 있으면 나중에 몸이 안 좋아지는 것은 곧 따라올 결과이다. 자세를 바꾸는 것이 중요하다. 먼저 바른 자세를 가지고 비전을 잡고 있는 우리의 생각, 마음, 삶의 자세를 체크하고, 바꾸어야 한다. 그렇지 않으면 우리가 다친다.

자세를 바꾼다는 말을 다른 말로 하면, 우리의 틀을 바꾸어야 한다는 말이다.

예배를 드리는 틀, 교제하는 틀, 섬기는 틀. 이런 틀들이 우리에게 제대로 있어야 한다. 그래야 시간이 가면 갈수록 우리가 건강해지는 것이다. 그렇지 않으면 우리가 다칠 수도 있다. 처음에 틀을 바꾸면 굉장히 불편하다. 예를 들어서 새벽예배 안 드리는 사람이 새벽예배를 시작하면 하루 종일 피곤하다. 고난주간 특별새벽기도회를 한다고 하니, 6살 된 딸이 이렇게 말하였다. "아휴, 피곤해 죽겠네." 그런데 이 피곤한 기도의 틀이 있어야 우리의 신앙이 개선되고 좋아진다. 영적으로 건강해진다.

허리에 정말 디스크가 있는 사람은 수술해주고 자세를 잡아줘야 한다. 수술 이후에는 바른 자세로 있어야 재발을 방지할 수 있다. 하지만 다시 옛날의 그 편한 틀로 가버리면 다시 망가진다.

여러분들이 어떤 교육과 훈련을 받고 있다면 틀을 가지고 있는 것이다. 그런데 교육과 훈련이 딱 끝나면, 해방감을 느끼고 자유롭고 살 것만 같다. 하지만 금세 다시 예전의 틀 속에서 살게 된다. 다시 늦게까지 컴퓨터를 하고, 만나지 않아야 할 친구를 만나고, 유혹에 노출 된다. 다시 영적 방향을 잃고 방황을 넘어 방탕하게 된다. 결국 영적인 상태가 예전보다 더 안 좋아진다.

왜 그런가? 틀이 없기 때문이다. 그래서 청년들에게 "새벽을 깨워라! 교육과 훈련을 받아라!" 그래서 양육기초반, 양육고급반, 제자반, 사역반 이렇게 쭉 몇 년 동안 제자훈련을 받게 한다. 사람들이 묻는다. '왜 그렇게 길게 만들었냐고?' 긴 과정의 훈련 틀이 우리를 붙잡아 주고 그러는 동안 경건의 훈련이 자연스럽게 몸에 배도록 하려고 하는 것이다.

트레이너가 있는 헬스장이 있고, 없는 헬스장도 있다. 트레이너가 없는 곳에서는 알아서 1시간도 했다가, 30분도 했다가, 10분도 했다가, '오늘은 좀 빨리 가자, 오늘은 3시간 하고 한 3주 쉬어버리지… 많이 했으니까'라고 타협도 하고 게을러진다. 그러나 이렇게 하는 것은 결코 건강한 것이 아니다. 그런데 트레이너가 있어서 "오늘 오셨군요. 5세트 하세요. 10세트 하세요."라고 하면 힘은 들겠지만 끝까지 하고 집에 간다. 규칙적으로 꾸준히 하게 된다. 즉, 이미 그 분야에 숙련된 트레이너가 있어야 내 몸이 제대로 만들어 진다.

우리는 비전을 이루기 위해서 스스로를 좋은 틀 안에 집어넣어야 한다. 그 틀 안에 넣으면 우리가 성숙하게 된다.

수영장에는 안 들어가고 수영에 대한 이론만 10년을 배웠다고 생각해보자! 물에 한 번도 안 들어갔는데 수영을 잘 할까? 말도 안 되는 얘기이지 않은가! 그런데 수영장에 들어가서 배우는 것을 3개월만 배우게 해 보라! 누가 더 수영을 잘 할까? 아무리 연구를 많이 한 사람도 물속에서 3개월을 배운 사람을 따라가지 못한다.

유학 시절 만난 정영민 목사님은 탁구를 아주 잘 치셨다. 나중에 알고 보니 초등학교 때 6개월 동안 선수생활을 하셨다고 한다. 잠시라도 선수생활을 한 사람은 그냥 탁구를 친 사람과 많이 달랐다. 초등학교 때 축구선수로 뛰었다는 사람을 만나면 정말 축구를 잘한다. 조기축구 20년 한 사람이 당해낼 수 없다. 선수로 훈련받은 것과 취미로 10년, 20년, 30년 한 것은 차원이 다르다.

마찬가지다. 여러분이 시간이라는 개념을 가지고, 틀을 가지고 신앙생활을 하는 것은 너무나 중요하다. 그래서 이 훈련이 끝나면 다른 훈련들을 또 신청해야 한다. 다른 틀에서 열심히 해야 또 다른 새 근육이 생기고, 주어진 비전을 감당할 수 있다. 그렇게 훈련의 장에 들어가서 좋은 사람들과 같이 얘기를 나누다보면 간증도 듣고, 많이 배우고 도전받으며 정신이 번쩍 든다. 이렇게 훈련의 강도를 높이고 틀 안에서 좋은 체질을 만들어야 한다.

알바와 비전의 상관관계

여러분이 1시간에 벌 수 있는 금액이 얼마인가? 여러분의 분야에서 전문가가 되면 시간당 상당히 많은 돈을 벌 수 있다.

그래서 대학생들에게 이야기 말한다. "절대 아르바이트에 버는 돈 때문에 시간낭비 하지 마라!" 생계를 위해, 등록금을 벌기 위해 아르바이트로 돈을 벌 수 있다. 그러나 단순 7-8천원 돈 욕심으로는 하지 말라는 것이다. 젊은 때에 자신의 전공 분야에 시간을 투자하고, 장학금을 받고, 자신의 분야에서 경력을 쌓으라고 한다. 어떤 대학생은 7천원, 만원을 벌기 위해서 분주하다가, 전공 분야에 대한 투자할 시간을 놓쳐서 10년이 지나고, 20년이 지났는데도 시간당 7천원을 받고 만원을 받는 인생이 된다. 시간을 잘 사용하여 자신의 전문분야에 전문가가 되면 한시간당 버는 금액이 엄청 날 수 있다.

미국 클린턴 대통령이 1시간 연설을 하면 얼마를 받을까? 그는 시간당 2억을 받는다고 하고 부시는 그보다 조금 더 받는다고 한다. 부시는 필리핀에서 한 시간 강의하고 8억을 받았다. 투자의 대가인 워런 버핏은 1시간 동안 같이 식사하면서 얘기하는데 2016년 한화로 40억을 받았다. 그런데도 사람들이 줄을 선다. 왜 그럴까? 워런 버핏은 어디에 투자해야할지를 가르쳐 줄 수 있기 때문이다. 사업하는 사람은 그와 1시간 이야기하고 아시아 어느 나라에 투자를 해야 할지, 아프리카 어떤 사업에 투자를 할지 알게 되면 큰 수익을 낼 수 있다. 40억을 내지만 그 이득은 400억도 될 수 있기에 워런 버핏을 만나려고 하는 것이다.

나중 10년, 20년 뒤에 우리는 어느 분야에 전문가가 되어 있겠는가?

이렇게 자신의 분야에 고수가 되고나면 1차적으로 자신이 먼저 복을 받는다. 2차적으로는 주위 사람들에게 엄청난 복을 줄 수 있다.

한 의사가 다리가 아프다고 찾아온 환자를 진료하였다. 아픈 다리를 망치로 살짝 치자 환자가 나았다. 30불의 병원비를 매겼다. 그랬더니 환자가 "잠시 살짝 치고, 무슨 30불이나 하냐"고 하였다. 그러자 의사는 "맞습니다. 내가 거기 한 대를 때린 것은 3달러 밖에 안 될 것입니다. 그런데 어디를 때려야 나을지를 찾아내는 것은 아무나 할 수 없는 것입니다."라고 하였다.

자기 분야에서 무엇을 어떻게 해야 할지를 잘 알려면 많은 시간을 투자하여 경험을 해야 한다. 여러분이 비전을 찾아가고 비전의 자리에 있을 때 중요한 것은 수많은 시간동안의 경험이다. 전문용어로 '개싸움'을 잘해야 한다. 즉 실전적인 싸움을 잘해야 한다는 말이다. 여러분이 가르치던, 예술분야에 있던, 회사에 있던 그 분야에 있어서 수많은 경험들이 쌓이면 그것이 곧 실력이 된다.

사람을 만나보면 그가 어느 정도 노력했는지 알 수 있다. 만화에서 보면 전투력, 방어력, 공격력을 스캔한다. 마찬가지다. 고수랑 탁구를 치면 공이 묵직하다. 탁구공으로 한 대 얻어맞으면 멍이 든다. 다 같은 탁구가 아니다. 몇 번 쳐 보면 그 상대방의 구력을 느낄 수 있다. 배드민턴 선수는 그 가벼운 공을 가지고 수박에 박히게 칠 수 있다. 이것이 구력이라는 것이다. 배드민턴을 쳐보면 그 사람이 몇 년 정도 쳤는지, 어느 정도의 실력인지 가늠할 수 있다. 자신과 같은 분야에 있는 사람과 이야기를 해보면 어느 정도의 에너지가 있는지 다 스캔이 된다. 그래서 여러분이 얼마만큼의 땀과 눈물과 피를 흘렸는지가 나중에 다 드러나게 된다. 설교자로서 다른 분의 설교를 들어보면 얼마나 많이 준비하고, 고민하며 노력했는지 알 수 있고 영성의 정도도 느껴진다.

이 시간사용은 비전을 이루는데 아주 중요하다. 시간을 잘 사용해서 자신의 분야에서 다양한 경험을 하면 비전을 온전히 이룰 수 있는데 큰 도움이 된다.

이를 위해 하나님께서 지금 나에게 무엇을 원하시는지를 빨리 알아야 한다. 무엇을 할지도 그 때를 알고 준비해야 한다. 인생에는 다 때가 있기 때문이다.

지현호 선교사님은 2017년부터 2018년 초까지 성경읽기 100독을 하였다. 계속 성경을 읽고 묵상하고 기도하였다. 하나님께서 이 도전을 주셨을 때 주저했다. "하나님! 저는 이 사역이 너무나 재미있고, 열매를 많이 맺어서 좋고, 지금은 사역을 하고 싶은데….”하며 주저했을 때 하나님께서 건강을 치셨다. 그때 '하나님 말씀을 듣지 않으면 정말 죽을 수도 있겠구나….' 깨닫게 되었다고 한다. 그 당시 한의원과 병원을 다 가 보았는데 진료 결과 몸의 상태가 딱 기도하고, 말씀 읽을 정도 밖에 안 된다는 것을 알게 되었다. 더 사역했더라면 몸이 정말 더 망가질 뻔 하였다. 결국 사역에 욕심을 내지 않고, 종일 말씀만 묵상하는 시간을 보냈다.

하나님은 우리에게 어떤 훈련의 시간을 허락해 주신다. 때로는 경험을 쌓도록, 공부를 하도록, 누군가를 만나도록 해 주신다. 어떤 타이밍에 좋은 사람을 붙여주시고, 어떤 타이밍에 견딜 수 없는 일을 감당하게 하신다. 또 때로는 홀로 있게 하시고, 다음 스텝을 준비하게도 하신다. 그러면서 우리의 분야에서 좀 더 실력 쌓기를 원하신다. 이런 훈련의 시기를 외면하면 안 된다. 그래서 어디라도 강의를 해달라고 하고, 설교를 해달라고 하면 작은 교회, 큰 교회 따지지 않고 어디든지 가려고 한다. 왜냐하면 그것이 하나님이 나를 훈련하시고 다른 이들과 나누도록 주신 기회임을 알기에 그렇다.

그 시간에 주어진 기회를 통해 우리는 성숙한다. 하나님께서 일하시는 현장을 눈으로 직접 보고 경험한다. 지난주에도 헌신예배를 인도하러 다른 지역에 다녀왔는데 그 교회 담임 목사님과 몇 시간동안 이야기를 나누면서 큰 도전과 은혜를 받았다. 섬기러 간 것이 아니라 특훈을 받고 돌아와서는 저녁 기도회를 섬겼다. 하나님께서 그 시간에 더 큰 은혜를 주셨다.

이것저것 따지면서 우리가 하고 싶은 것만 선택하고 쉬운 것만 해서는 안 된다. 그러면 절대 하나님이 주신 마음, 하나님이 나에게 도전해 주시는 것을 얻을 수 없다.

비전의 사람은 때를 얻든지 못 얻든지 자신의 분야에서 도전하고 시도해야 한다. 그럴 때 성숙하게 된다. 자신의 분야에 전문가가 된다. 우리에게 주어진 모든 일을 하나님이 주신 기회로 알고 거기에 능동적으로 뛰어 들어야 한다. 일만하는 자가 되라는 의미가 아니다. 주어진 시간에 기도하고, 책을 읽고, 사람을 만나고, 자신의 달란트를 더 개발해야 한다. 주님이 쉬라고 하실 때는 과감히 쉼과 안식의 시간도 가져야 하고, 누릴 수 있어야 한다.

스케줄 어플 사용하기

비전의 사람은 무의미하게 많은 사람들을 만나지 않는다. 무리하게 많은 일을 하지 않아야 한다. 자신에게 주어진 것, 해야 될 것, 가야될 길로 명확히 가며 시간을 사용해야 한다. 그러기 위해서는 계속해서 가지치기를 해야 한다.

난 스케줄 어플을 애용하는데 누가 만나자고 하면 당장 만나지 않고 어플을 보고 시간을 잡아본다. 리더학교를 2년 정도 교회에서 운영하면서 리더십에 대한 강의를 계속하였다. 그 리더십 강의에 들어오는 자들에게 과제가 딱 한 가지 있었다. 앞으로 다가올 주간의 시간 계획표를 짜서 오는 것이었다. 그렇게 매주 제출하도록 하였다. 이렇게 다음 한 주를 디자인하면 기상하는 시간이 달라진다. 하루의 한 시간을 헛되이 사용하지 않는다. 혹 누군가를 만나도 계획 없이 만나지 않는다. 누군가 만나자고 하여도 그 다음 주 혹 그 다음 달 보자고 스케줄을 잡는다. 왜 만나야 하는지 생각하며 만난다. 어떤 일을 갑자기 떠맡고, 고생하지 않는다. 왜 그 일을 해야 하는지 숙고하게 된다.

우리는 우리의 제한된 시간 속에서 비전을 이루어가고 있다. 그래서 비전을 성취할 때 가장 중요한 것 중 하나가 시간 사용이다. 마치 시간을 금보다 더 귀하게 여기면서 한 시간 한 시간을 사용해야 한다. "시간은 금이다!"라는 속담이 있는데, 그 말은 틀렸다. 사실, 시간은 금보다 귀한 이 세상 어떤 보물보다도 더 귀하다.

비전의 사람은 시간을 쓰는 것이 완전히 다르다. 비전의 사람은 시간에 대한 관념이 아주 뚜렷하다. 잠자는 것, 일하는 것, 사람과 교제하는 시간을 마음대로 사용하지 않는다.

"오늘 잠자고 싶으니 하루 종일 잠만 잔다. 오늘 일하고 싶으니까 24시간 일만 한다. 오늘은 친구 만나고 싶으니까 무작정 다 만난다." 하지 않는다는 의미이다.

시간을 계획적으로 사용하지 않는다는 것은 건강하지 않다는 것이다. 몸과 생각도 건강하지 않고, 영혼도 강건하지 않다. 그래서 위대한 영적인 거장일수록 규칙적인 생활을 하였다. 그들은 보통 새벽4시에 일어나 성경을 읽으며 묵상을 하였다. 깊은 묵상 가운데 성경에 눈물을 뚝뚝 흘렸다.

영적인 거장들의 공통점은 규칙적인 경건의 시간을 가진다는 점이다. 조나단 에드워즈라는 영적인 거장이 있다. 그는 신학자이고 목회자인데 신학뿐만 아니라 생태계, 우주, 식물, 동물학에 대한 연구를 하는 사람들이 참고할 만한 서적들을 저술할 만큼 대단한 지식인이었다. 그러면서도 신학의 거장이자, 영성이 대단한 목회자이기도 했다.

조나단 에드워즈는 이렇게 고백하였다. "나는 적게 먹는다. 왜냐면 많이 먹으면 배에서 소화하는데 에너지를 쓰고 소화할 때 사용한다. 그러면 졸리게 되고, 잠을 많이 자게 된다. 그럼, 내가 건강하지 않게 되고 연구하는데 지장이 있다. 몸이 건강하지 않으면 피곤하게 된다."

조나단 에드워즈는 시간을 쪼개고 쪼개어 사용했다. 실제로 오전에 성경을 연구하면 오후에는 자연과학을 연구하고, 저녁에는 천문학을 연구하고, 두 시간을 성경을 보면 두 시간을 다른 책을 보려고 하였다. 이게 조나단 에드워즈의 하루 시간 사용이었다. 그래서 신학분야에만 정통한 자가 아니라 다른 분야에도 정통한 자가 되었다는 것이다. 이것은 특히 다음 세대 설교자에게 필요하다. 설교 할 때 성경 얘기만 하려 해서는 안 된다. 일단은 일어나는 일들, 있었던 재미난 일들, 또 사회적인 이야기들을 하면서 성경의 이야기들을 풀어가는 게 좋다. 설교자들 중 아예 예배 중 청중을 재우는 설교자들이 있다.

자기 분야의 책만 읽고 이야기하는 옛날 방식인 I-reading만을 해서는 안 된다. I-reading이란 미술전공이면 미술 관련 서적만, 음악전공이면 음악 전공 서적만 읽는 것이다.

그런데 시대가 바뀌어서 지금은 H-reading을 해야 한다. 자신의 분야가 아닌 다른 분야를 읽어나가야 한다. 미술을 하는데 음악을 하고, 음악을 하는데 미술을 하고, 건축을 하는데 미술을 하고 다른 분야를 공부해야 한다.

21세기는 어떤 리딩을 해야지 시대를 잡을 수 있는가? X-reading 을 해야 한다. 마구잡이 리딩이다. 자신의 분야는 당연히 읽고, 다른 분야의 책도 읽고 공부해야 한다. 그래야 창조적인 사고와 감각을 가질 수 있다. X-reading 을 통해서, 무작위 독서를 통해서 더 폭 넓고 다양한 지식의 스펙트럼을 가져야 한다.

우리가 비전에 대해서 이야기를 하는데 왜 시간을 말할까? 시간을 굉장히 아끼고 아껴서 잘 사용해야 함을 강조하기 위함일까? 그것도 중요하지만 시간을 잘 사용할 때 비전이라는 나무가 자라기 때문이다.

비전이라는 열매는 어디서 자랄까?

시간이라는 것을 어떻게 잘 사용하느냐에 따라서 그 비전이라는 나무가 잘 자라게 되고 열매를 맺는 것이다. 이런 면은 위대한 철학자들,

위대한 사상가들에게도 나타난다. 그들은 시간 사용과 관리에 있어 철저한 사람들이었다. 철학자 중 상당수가 시간의 관념에 대해서 연구하였고, 시간을 잘 사용하기 위해 열심히 고군분투 하였다.

특히, 칸트는 시간 사용에 철저했던 철학자로 유명하다. 그가 얼마나 하루를 규칙적으로 생활 했는지, 사람들이 칸트를 보면 시계가 없이도 시간을 맞추었다. 우리는 하나님의 사람으로 세상 그 누구보다도 시간을 잘 사용해야 한다.

Time과 Timing 차이

한 기관에서 미국의 도시에 들어오는 사람들의 시간대별로 직업을 조사했다. 흥미로운 결과가 나왔다. 제일 먼저 6시쯤 출근하는 사람들은 CEO였다. 그 다음 7시에 오는 사람들은 회사 임원들이었다. 8시, 9시에 오는 사람들은 일반 노동자들이었다.

우리나라 대기업도 똑같다. 누가 제일 일찍 출근할까? 고위층일수록 회사에 일찍 오고, 이른 시간에 먼저 회의를 한다. 그러고 나서 아침이나 오전쯤 되어야 그 아래에 있는 사람들이 모여서 부서 회의를 한다.

대구동신교회에서 청년 아포슬을 섬길 때 9월 달이 되면 교역자들과 내년 정책회의를 하였다. 그런 뒤 10월 부장단과 임원단과 정책회의를 하였다. 11월 다시 교역자들이 정책회의를 청년위원회와 논의를 하였다. 11월 초가 되면 내년 예산 방향이 마무리 되었다. 그리하여, 1월 신년 특새, 2월 다니엘 특새, 3월 30일 작정 기도회를 언제할지를 정했다. 교육과 훈련 신청과 인터뷰 일정을 정했다. 3월에 부활절 준비, 4월에 국내 비전트립, 6월, 7월, 8월 중 수련회를 언제 잡을지 결정했다.

이런 기획을 교역자들과 정책회의를 통해 9월 달부터 11월에 다 기획했다. 이런 기획과 계획들을 공유하려고 달력을 만들었다. 단지 핵심 리더들만 아는 게 아니라 리더들과 멤버들도 모두 숙지하도록 하였다. 특별히 교역자들과 스텝들이 알도록 구글 캘린더 앱에 기입하여 함께 세부 내용을 알도록 하였다. 홈페이지에 다 올려놓아 누구든지 알 수 있도록 하였다. 그래서 언제 장학금을 신청해야 할지, 언제 구제금을 신청해야 될지 모든 사람들이 다 볼 수 있었다. 이렇게 정책회의와 기획회의 그리고 일반 회의를 하면서 먼저 고민하고, 다 같이 갈 방향을 명확히 잡고 함께 갈 수 있도록 하였다.

개인적으로 시간을 사용할 때도 그렇다. 시간의 개념을 명확하게 잡아나가야 한다. 책을 읽는 독자에게도 과제로 내 드리고 싶은 것이 있다. 항상 미리 누구를 언제 만날지 무슨 일을 할지 계획하라는 것이다.

우리는 늘 누군가를 만난다. 그런데 충동적으로 만나지 말고, 캘린더를 꺼내놓고 다음 주 혹 다음 달 언제 만날지를 잡아야 한다. 나는 심방 스케줄을 잡는다. 보통은 일정이 거의 3주 정도는 다 차 있다. 그래서 급하지 않은 상담은 천천히 그 뒤로 잡고, 가족들과 함께 지낼 시간은 비워 둔다.

목회는 장기전이기 때문에 하루 한 끼는 가족과 식사를 하려고 한다. 화목은 가족과 화목한 날로 정하고 화요일과 목요일 저녁은 가족과 식사시간을 갖는다. 잘 지켜지지 않을 때가 많지만 그래도 꾸준히 노력하고 있다.

시간을 잡을 때 당장 만나자는 사람과 만나는 게 아니라 이번 주에 누굴 만날지를 계획해서 다음 주 혹은 다음 달, 3주 뒤 혹은 3개월 뒤 시간을 잡으려고 한다. 사람을 만나고, 일을 하는 것이 아무런 계획 없이 진행 되어서는 안 된다. 비전과 어떤 연관성이 있는지 고려하고, 고민하며 만나고 일을 진행해야 한다.

우리가 생각하는 시간은 크로노스라는 개념이다. 지금도 1초가 지나가고 있는데 1초는 우리가 생각할 때는 그냥 짧은 순간이다. 그런데 원자시계에서 세슘원자가 92억 번 왕복해서 진동하는데 1초가 걸린다. 세슘원자가 1초 동안 자그마치 92억 번을 움직인다는 것이다.

우리에게는 1초라는 단위가 굉장히 짧지만 세슘원자에게 1초는 92억 번을 움직일 수 있는 시간이다.

하루살이라는 곤충을 알 것이다. 우리는 하루살이의 일생을 이해할 수 없다. 어떻게 하루에 일생을 시작하고 끝낼 수 있을까?

그런데 곤충학자가 밝혀낸 것을 보니 하루살이는 성충에서 나오자

마자 바로 성장한다. 바로 짝짓기를 하고, 임신한다. 번식에만 집중한다. 그리고 하루에 장례까지 다 치른다.

하루만 사는 하루살이의 입은 퇴화한다. 입은 기껏해야 수분을 섭취할 때나 가끔 쓰이고 그 외엔 할 수 있는 게 없다. 태어나자마자 24시간 동안 제대로 먹지도 못하고, 번식만 하다 죽는다. 우리가 갖고 있는 24시간 안에 그 하루살이란 곤충은 그 24시간을 우리가 쓰는 70년-80년처럼 하루에 다 성장하고 하루에 다음세대를 낳고, 이렇게 하루에 모든 것을 다 준비해 놓고 끝낸다. 하루살이에게 있어 하루는 우리가 생각하는 그리 짧은 시간이 아니다.

하루살이가 24시간을 그렇게 알차게 보내기에 지금도 이 세상에 하루살이가 존재한다. 앞으로도 존재할 것이다. 이런 하루살이는 현재 지구에 1,200여 종이라고 한다.

우리는 어떻게 하루를 사는가? 일어나는 시간을 정해야 한다. 나는 새벽4시, 늦으면 4시30분쯤 일어나서 하루를 생활한다. 피곤하지 않느냐고 한다. 아주 피곤하다. 어떤 사람은 저녁에 내 얼굴을 보고 너무 피곤해 보인다고 일찍 들어가라고도 한다. 커피 한잔은 같이 마실 수 있다고 하는데도 피곤한 것 같다고 들어가라고 한다.

죄를 짓고 유흥을 즐겨도 피곤하다. 주를 위해 열심히 살아도 피곤하다. 둘 다 피곤하지만 다른 피곤이다. 죄를 지으며 피곤한 것은 후회가 있다. 그러나 주를 위해 성실히 살다가 피곤한 것은 보람이 있다.

청년 때에 시간을 잘 사용하기 시작하면 나중에 나이가 들어서도 잘하게 된다. 특히 새벽 시간을 잘 사용하면 밤의 문화가 접힌다. 새벽예배 나와야 되기 때문에 친구들을 만난다거나, 인터넷 쇼핑을 한다거나 쓸데없는 시간을 굉장히 많이 줄일 수 있다.

전날 밤에 '내가 내일 새벽에 나가야지' 생각하고, 잠자리에 들 때에 예배는 이미 시작되는 것이다. 불필요한 약속과 일을 미리 가지치기하고, 예배드리며 훈련 받을 것을 생각하는 자체가 이미 교육과 훈련을 받은 것이다.

왜 우리가 물리적인 시간을 잘 사용해야 될까? 크로노스라는 시간의 개념은 우리가 다 아는 가만히 있어도 자연적으로 흘러가는 시간을 의미한다. 그래서 그 흘러가는 시간이 허비되고 낭비되지 않도록 해야 한다. 반면 카이로스라는 것은 '특별한 때' 혹은 기회, 특별한 사건으로 다가오는 시간을 말한다.

내 인생에서 이렇게 글을 쓰는 것과, 쓴 글을 극동방송에서 나누는 것은 카이로스이다.

늘 주어지는 것이 아니다. 사실, 이 소명, 사명, 비전에 관한 글이 책으로 쓰이게 된 것은 특별한 계기가 있었기 때문이다. 2017년 여름, 강남에 있는 소망교회에서 비전에 대한 좋은 강의를 해 주실 수 있으신 분이시니 비전에 대한 4번의 특강을 해 달라고 요청이 왔었다. 그 당시에 한 두 번은 비전에 대해 강의할 수 있지만 4번을 나누어서 할 만큼 충분한 양의 강의를 할 수 있을지 고민이 되었다.

그런데, 소망교회에 가서 강의를 하는데 첫 시간 준비한 강의안을 1시간 30분 동안 1/3도 채 나누지 못하였다. 다른 시간에는 좀 더 스피드를 내어 강의를 하였다. 4번의 강의를 하였지만 더 나눌 것이 남았다. 아니, 더 나누고 싶은 내용들이 있었다. 그래서 아포슬 공동체 여름 수련회 때 특강으로 비전에 대해 나눴는데 반응이 참 좋았다. 극동방송에서도 토요일 밤 10시에 비전에 대해 나누었다.

이렇게, 인생의 크로노스를 보내면서 나름 비전에 대해 관심을 가지고 준비하였기 때문에 카이로스의 때, 특별한 기회를 잡을 수 있었다.

2016년 동성애 퀴어 축제 때는 기독신문에서 글을 써 달라고 하여 기고했다. 2017년 9월 말에는 동성애에 대한 글을 기고해 달라고 하였는데 사실 〈청년상담 Q&A〉 책을 쓰면서 동성애에 대한 글을 이미 써 놓았다. 나는 처음 동성애를 반대하기 시작할 때 나 자신이 이런 오피니언 리더가 될 줄은 몰랐다.

철저한 시간 관리를 통해 중요한 것을 깨달았다. 어느 정도의 크로노스의 시간을 보내면 카이로스가 저절로 주어진다는 것이다. 이제는 나서지 않아도 기회가 주어지고 섬기도록 하신다. 2017년 퀴어축제 반대집회 사회를 봐 달라고 하였다. 전체를 대표로 사회를 보는 것이 사실 부목사에게는 어울리지 않았다. 그래서 제가 다른 담임 목사님이 하시도록 해 달라고 부탁을 드렸다. 그런데 주최 측에서 꼭 섬겨 달라고 하여 어쩔 수 없이 섬기게 되었다.

시간이라는 크로노스를 인풋(Input)하면, 어느 정도 시간이 지나고 채워지면서 카이로스라는 아웃풋(Output)의 기회를 얻게 된다.

그래서 우리는 크로노스처럼 누구에게나 주어지고 저절로 흘러가는 이 시간을 잘 사용해야 한다. 그래야 카이로스라는 기회의 축복을 누릴 수 있다. 카이로스란 말은 제우스라는 신의 아들의 이름으로 헬라시대에 기회, 찬스라는 뜻이다.

찬스라는 것은 여러분이 가지고 있는 24시간, 여러분이 가지고 있는 10년이라는 시간을 어떻게 사용하느냐에 따라서 주어진다. 이런 시간 사용을 통해 비전의 열매를 맺어갈 수 있다. 그래서 내가 갖고 있는 이 시간을 '지금 어떻게 사용할 것인가, 누구를 만날 것인가, 어떻게 나의 인생을 경영할 것인가'에 따라서 여러분의 인생이 완전히 달라진다는 것이다.

나는 영어학원 강사를 한 적이 있다. 유학가기 전 학원 강사를 하니 교회에서 주는 것보다 더 많이 벌었다. 그 당시에 교회에서 주는 사례비보다 15배에서 많게는 20배 정도까지 벌었다. 학원 강사를 하면서 여러 명의 아이들을 수업 후에 과외를 했는데 영어를 못 하는 아이들을 잘 가르쳐 단기간 성적을 내 주어서 과외 문의가 많이 들어왔다. 그 당시에 있던 모의고사 문제집을 다 사서 계속 문제집을 풀게 하고 왜 틀렸는지를 잘 설명해 주었다. 한 아이가 3개월 정도 배우고, 전국모의고사 60점대에서 90점을 넘기는 점수를 받았다.

이렇게 비교적 쉽게 돈을 벌면서 계속 적금을 넣었다. 그러나 한창 돈을 잘 벌고 있던 때에 돈 버는 일을 내려놓고, 유학을 떠났다. 왜냐하면 내게 주어진 크로노스라는 시간을 단순히 돈 버는 일에 사용하는 것이 유익하지 않다고 판단했기 때문이다.

얼른 유학을 가서 공부하고 성경을 연구하는 일에 시간을 써야 한다는 것을 알았다. 외국에 나가서 생활하고 공부하는데 재정이 상당히 들었다. 그러나 그렇게 재정을 쓰더라도 공부를 하는 것이 내게는 참으로 유익한 일이었다. 그런 유학생활을 통해 이민목회를 또한 경험할 수 있었다. 한국에 돌아와서는 영어 예배부를 섬길 수 있었고, 지금은 이렇게 청년부를 섬기고 사역하는 데 좋은 밑거름이 되었다.

지금 당장은 나에게 필요하지만 미래를 위해 내려놓아야 할 것들에 대해서는 가지치기를 해야 한다. 조금 더 나은 비전의 성취를 위해서 현재 내가 누릴 수 있는 것을 포기해야 할 때가 있다.

유학 가기 전 학원 강사 시절에 한 여학생을 가르쳤었다. 이 친구는 고2 때부터 정말 열심히 공부하기 시작하였다. 그러나 내신이 안 좋아서 그 당시 아무리 공부를 잘해도 그 내신으로는 서울 안에 있는 학교에 가기 어려웠다. 그래서 학교를 그만두고 자퇴하는 것을 생각해보라고 했다. 그렇게 말한 이유는 검정고시를 치면 내신 성적을 더 잘 받을 수 있었기 때문이었다. 서울대를 치면 서울대 등급이 나오고, 연세대 혹 고려대를 치면 자신이 치는 대학 내신 등급이 나왔다. 이 친구가 내 얘기를 듣고 한 달 뒤 학교를 그만 두었다. 나중에 유학중에 이메일로 이 학생의 소식을 받게 되었는데 서울 안에 있는 대학에 갔다는 것이다. 사실 그 친구보다 내가 더 감사했다. 조언을 해서 자퇴를 하였는데 대학도 못 들어갔더라면, 고등학교 학창시절도 제대로 못 보내고, 대학도 못가고 너무 미안했을 것이다.

열심히 노력하는 것도 중요하지만 때에 따라서는 포기할 것은 과감히 포기하고, 집중해야 할 것을 집중해야 한다. 무엇보다 내게 좋은 영향을 줄 수 있는 사람을 만나야 하고 또한 내가 좋은 영향을 줄 수 있는 사람을 위해 시간을 내어 줄 수 있어야 한다. 그래서 시간 사용에 대해 생각을 많이 하고, 어떻게 시간을 사용하며 살지 계획을 짜야 한다.

비전을 이루기 위해서 지금 당신은 시간을 어떻게 사용하고 있는가? 시간을 금보다 더 귀하게 여기지 않는다면 금과 같이 가치 있는 비전을 이룰 수 없다. 매 순간 기도하면서 주어진 시간을 잘 활용하여 주님 주신 비전을 이루는 여러분과 제가 되길 갈망한다.